QUELQUES DOCUMENTS INÉDITS

RELATIFS

A LA TERRE, A LA SEIGNEURIE & AU NOM

DE GRANDVELLE

(1516-1805)

ETUDE HISTORIQUE

PAR

Eugène DE BEAUSÉJOUR

Ancien Magistrat

Associé correspondant de l'Académie de Besançon

Membre de la Société d'agriculture, sciences et arts de la Haute-Saône
et des Sociétés d'Emulation du Doubs et du Jura

VESOUL

IMPRIMERIE ET LIBRAIRIE LOUIS BON

1899

QUELQUES DOCUMENTS INÉDITS

RELATIFS

A LA TERRE, A LA SEIGNEURIE & AU NOM

DE GRANDVELLE

(1516-1805)

ÉTUDE HISTORIQUE

PAR

Eugène DE BEAUSÉJOUR

Ancien Magistrat

Associé correspondant de l'Académie de Besançon

Membre de la Société d'agriculture, sciences et arts de la Haute-Saône
et des Sociétés d'Emulation du Doubs et du Jura

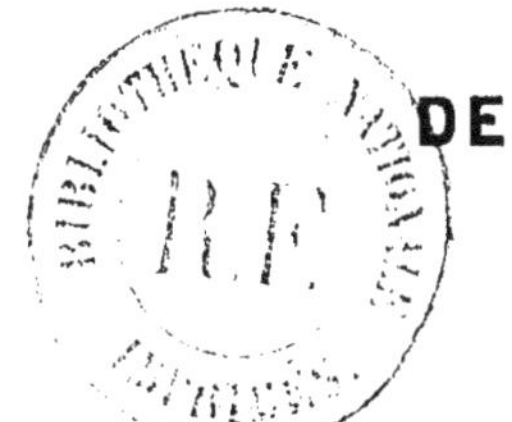

VESOUL

IMPRIMERIE ET LIBRAIRIE LOUIS BON

—

1899

QUELQUES DOCUMENTS INÉDITS

RELATIFS

A LA TERRE, A LA SEIGNEURIE & AU NOM

DE GRANDVELLE

Je possède, du chef de ma famille maternelle, qui a été la dernière propriétaire de la seigneurie de Grandvelle, un certain nombre de documents concernant soit la terre de ce nom, soit la seigneurie qui y était attachée, soit les familles qui, pendant les trois derniers siècles, les ont possédées l'une et l'autre.

Ce dépôt familial comprend :

1° La suite non interrompue des actes de transmission des terre et seigneurie de Grandvelle depuis 1516 jusqu'à 1805.

2° Les comptes de gestion, actes de foi et hommage et pièces diverses touchant l'administration de la terre et les droits de la seigneurie pendant la même période.

3° Le diplôme d'érection de la terre de Grandvelle en baronnie au profit de Thomas Perrenot (1er mai 1555).

4° L'inventaire des biens de François Perrenot, deuxième comte de Cantecroix, dressé à l'occasion de la mort de ce dernier (1607).

Ces pièces, originales et la plupart inédites, m'ont paru, tant par leur objet que par la valeur intrinsèque de quelques-unes, avoir plus qu'un intérêt domestique et mériter d'être divulguées. Je me propose de les signaler toutes, d'en analyser sommairement quelques-unes, et de publier intégralement les plus importantes d'entre elles.

Toutefois, pour éviter la monotonie d'une aride nomenclature, d'une sèche analyse ou d'une publication textuelle, j'exposerai chronologiquement les faits auxquels chacune d'elles se rapporte, et je donnerai à l'ensemble de mon étude une forme historique. Ainsi indiqué, ce travail n'est donc autre chose que la présentation de quelques documents réunis et reliés entre eux par un rapide et simple récit. Puisse-t-il être utile à l'histoire locale et agréable à ceux qui en conservent le culte !

J'adresse ici mes vifs remerciments à ceux qui, par leur obligeance, m'ont été utiles dans la composition de ce travail, et particulièrement à M. Hugueney, maire de Grandvelle.

I

....-1516

Grandvelle (grandis villa) est un village situé à 19 kilomètres de Vesoul, sur la route qui relie ce chef-lieu à Auxonne. Il ne possède aujourd'hui que 331 habitants (1) et semble n'en avoir jamais compté plus de 400. Son état actuel n'a rien qui attire ou séduit ; maisons sans caractère, église sans style, territoire sans relief, paysage sans élégance.

Il n'entre pas dans mon dessein de fouiller la période romaine ou même celle du moyen âge, et de rechercher quelle a pu être dans ces temps reculés la vie de ce coin de terre. Mes préoccupations ont un objet plus moderne. Cependant, au cours de la plume, je signale que les fouilles faites à diverses époques sur ce territoire ont révélé des débris romains ; qu'un de ses lieux-dits s'appelle : La-Combe-aux-Sarrazins, dénomination qui indique, partout où elle se rencontre, une terre ancienne et disputée ; qu'au 13° siècle déjà ce lieu était doté d'une église, la quelle succomba en 1775 pour faire place à celle qui existe aujourd'hui (2) ; et qu'enfin autrefois il possédait un château qui fut détruit avant le 16° siècle et dont les ruines étaient encore visibles au siècle dernier.

Là, résidait, au moyen âge, des seigneurs féodaux dont les chartes du temps nous ont conservé quelques noms, entre autres ceux de Robert de Choiseul, seigneur de Traves et de Grandvelle (13° siècle) ; de Gérard de Grandvelle (1228). Suivant le cartulaire manuscrit de Neuchatel de Bourgogne,

---

(1) Dans le chiffre de 331 habitants sont compris 51 habitants résidant au Perrenot, section de la commune.

(2) Registres de catholicité de Grandvelle.

le lendemain de la fête de Saint-Michel de l'année 1282, Henri de Grandvelle se reconnut homme lige de Thiébaud de Neuchatel ; en 1304, Fromond de la Saule, sire de Grandvelle, reprit de fief, de Richard de Neuchatel, son château de Grandvelle et toutes ses dépendances, promettant de l'y recevoir à grandes et petites forces, envers et contre tous ; en 1337 et en 1390, de nouvelles reprises de fief de cette terre eurent lieu par Henri et Thiébaud de Grandvelle (1).

Dans la seconde moitié du 15ᵉ siècle, Grandvelle était possédé par la puissante famille de Pontaillé, qui descendait de celle de Champlitte, alliée elle-même à celle des comtes de Bourgogne. En 1451, le seigneur du lieu était Guillaume de Pontaillé.

Ce dernier, quoiqu'il eût un fils, laissa en mourant la terre à sa veuve Guillemette de Vergy, dame d'Antigny (2) ; mais la nouvelle propriétaire s'étant remariée apporta comme dot Grandvelle à son second mari Claude de Toulongeon, seigneur de la Bâtie, qui devint ainsi seigneur de Grandvelle (3).

Après la mort de Claude de Toulongeon et de Guillemette de Vergy, la terre revint par héritage aux Pontaillé, dans la personne de Claude de Pontaillé, fils de Guillaume de Pontaillé et de Guillemette de Vergy.

(1) Bibliothèque de M. le chanoine Suchet, cartulaire m. s. de Neuchatel.
(2) Mariage de Guillaume de Pontaillé et de Guillemette de Vergy, 2 mars 1451.
(3) Sous la domination de Claude de Toulongeon la terre fut diminuée. Des cens et des pièces de terre d'une valeur de 300 fr. en furent détachées.

II

1516-1527

Avec le 16ᵉ siècle, commencent les transactions consignées dans les pièces que je possède. La première est une vente des terre et seigneurie de Grandvelle en date de 1516 (1). Claude de Pontaillé, après avoir recueilli l'héritage paternel et malgré ses nombreuses seigneuries, comme celles de Flagy, de Vaugrenans, de Port-sur-Saône, de Chariez, etc., ayant été, ce semble, à court d'argent, résolut de vendre sa terre de Grandvelle. L'acquéreur fut noble et sage maître Antoine Peréal, licencié ès lois, conseiller de l'empereur Charles-Quint et citien (citoyen) de Besançon (2). L'acte fut passé à Besançon le 19 mai 1516, « en l'hôtellerie du Lion d'Or, sise devant l'église de Monseigneur Saint-Antoine. »

« Par cet acte, conclu au prix de 2,000 fr., 1° Sont vendus : le village de Grandvelle en toute justice haute moyenne et basse, ensemble ses hommes femmes bourgeois et bourgeoises de mainmorte, et tous quelconques meix maisons, héritages de serve condition, ainsi que les hommes mainmortables, ceux-ci étant justiciables et corvéables à volonté, chacun de bras et de charrue, savoir pour le carème, les sombres et vayne (automne). 2° Est stipulé que chaque habitant doit livrer au seigneur une géline (poule) à carème entrant et deux pussins à la fête de la décollation de Saint-Jean-Baptiste. 3° Mêmes cens et redevances sont dûs par les habitants de Mailley. 4° Appartiennent également au seigneur toutes épaves, échutes, confiscations, amendes et

(1) Acte de vente des terre et seigneurie de Grandvelle, 1516. — Archives personnelles.

(2) En 1515, Antoine Peréal était lieutenant-général d'Amont. Son nom est souvent écrit Perreau.

produits des exploits de justice. 5° Sont compris encore dans la vente, les bois tant morts que vifs, les prairies, champs, prés, vignes, charmes, récoltes de froment, d'avoine, de vendanges, les fours bannaux, le moulin et tout son pourpris et ses appartenances, la foule, le battant, le décours de l'eau, le fond, le tréfond, le lieu où souloit être (où avait été) le vieux étang, le lieu où souloit être le vieux château, le lieu patibulaire tant de Mailley que de Grandvelle, enfin tout ce qui dépend de la seigneurie directe de Grandvelle, de Mailley et de Pont-de-Planche. »

L'autorisation de posséder la terre, sans danger de commise (1), est du 28 juillet 1516 (2).

Claude de Pontaillé mourut l'année suivante. Mais, à sa mort, sa veuve Anne de Horne, agissant tant en son nom propre qu'en celui de ses deux enfants mineurs Henri et Anne de Pontaillé, parvint à rentrer en possession de son ancienne terre, qu'elle conserva quelques années encore. Enfin elle la vendit à son tour. L'acte de vente est du mois de mars 1524 (3).

L'acquéreur était Hiérôme Vicquot, lieutenant-général d'Amont. Il paya la terre, cette fois, 3,000 fr., mais ne la posséda pas longtemps. En 1525, il était mort ; sa succession s'ouvrait et Grandvelle, avec les autres biens, passait aux mains de Quentin Vicquot, frère du défunt et chanoine de l'église métropolitaine de Besançon. Celui-ci, à peine nanti de sa propriété, n'eut, tout permet de le supposer, qu'une pensée, celle de se défaire le plus tôt possible d'une terre qu'il considérait comme une lourde charge. Un acquéreur s'étant présenté fut accueilli avec empressement ; c'était Nicolas Perrenot.

(1) C'est-à-dire sans crainte de reprise ou de répétition de fief pour quelque cause que ce soit.

(2) Acte d'autorisation, 1516. — Arch. pers.

(3) Arch. pers.

L'autorisation préalable, à fin de contrat, étant nécessaire dans le cas présent, l'archiduchesse Marguerite l'octroya par acte de 1526 (1). Cet acte préludait à la transaction qui eut lieu en 1527.

(1) Arch. pers.

III

1527-1606

Nicolas Perrenot, né à Ornans en 1486, était fils de Pierre Perrenot et d'Etiennette Philibert. Il est trop connu des Comtois pour que je m'attarde à en donner le portrait (1). Qu'il me suffise de rappeler que si Pierre Perrenot avait su acquérir déjà quelque notoriété dans la ville d'Ornans, où il était né et dont il était devenu châtelain ; que s'il s'était même déjà honorablement fait connaître à Besançon, où il exerçait les fonctions de notaire de la Cour et de tabellion général du comté de Bourgogne ; que s'il avait pu se glorifier avec raison de son mariage, de ses titres de lieutenant des salines de Salins, de seigneur de Cromary et plus encore des lettres de noblesse qu'il avait reçues en 1524 (2), cependant c'est en réalité Nicolas Perrenot qui fut la première illustration de la famille et la souche puissante de cette génération d'hommes distingués qui ont honoré leur pays par leurs grands talents et les hautes charges qu'ils ont remplies avec tant d'éclat.

Au moment où il va acquérir la terre de Grandvelle, Nicolas Perrenot est déjà investi de la pleine confiance de l'Empereur. Il est qualifié, dans les actes, de noble homme et sage messire. Il remplit en même temps la charge de maître aux requêtes ordinaires des hôtels de la sacrée majesté impériale et de Madame l'archiduchesse comtesse de Bourgogne ; celle de conseiller de la Cour du parlement de

---

(1) Nicolas Perrenot avait deux frères. Ils entrèrent tous deux dans les ordres.
(2) *La vérité sur la famille Perrenot de Granvelle*, par M. MARLET, Dijon. — Pierre Perrenot mourut à Ornans le 22 mars 1537.

Dôle, et celle d'ambassadeur de Charles-Quint auprès du roi de France.

En 1527, il surveillait, à Paris, comme mandataire de son souverain, la rédaction ou plutôt l'exécution des clauses du traité de Madrid. Mais, en fait, il y était plutôt retenu comme prisonnier d'état, par suite des représailles que François Ier, au lendemain de Pavie, se croyait en droit d'exercer à l'égard des représentants de l'Empereur (1). C'est sans doute cette circonstance qui l'empêcha de traiter en personne l'acquisition projetée par lui. Il le fit par procureur. Voici les détails que contient l'acte de vente.

Nicolas Perrenot, absent de Franche-Comté, avait, pour traiter l'affaire, jeté les yeux sur l'un de ses amis particuliers qui avait même été le parrain d'un de ses enfants, sur Léonard de Gruyères, chanoine de l'église métropolitaine, archidiacre de Salins (2), et sur son propre père Pierre Perrenot, châtelain d'Ornans. Il leur donna procuration à tous deux pour passer l'acte en son nom.

Ces mandataires se réunirent, le 8 juillet 1527, avec Quentin Vicquot, à Salins, en la maison de Balerne (3), résidence habituelle de messire de Gruyères. Là se rencontrèrent, à titre de notaires, Claude Maire, prêtre, et Nicolas Lulier, clerc et tabellion général au comté de Bourgogne, et à titre de

---

(1) C'est seulement le 28 mars 1528 que François Ier donna à Perrenot de Granvelle son audience de congé.

(2) Léonard de Gruyère fut, plus tard, ambassadeur en France et en Suisse.

(3) Balerne est un hameau de la commune de Mont-sur-Monnet, canton de Champagnole (Jura). Les fondateurs de l'église de Balerne (vers l'an 1100) affectèrent à sa dotation non seulement de vastes domaines à Monnet, mais encore des terrains étendus à Salins. Les religieux de Balerne érigèrent, au 12e siècle, sur ces terrains, un hôpital qui occupait un espace considérable près de l'église de Saint-Maurice. La façade du bâtiment fut abattue, en 1727, pour élargir la grande rue. Par la suite, l'hôpital n'ayant plus été entretenu tomba en ruines. L'une des dépendances de ces importants immeubles constituait très vraisemblablement la maison de ville des religieux de Balerne. (Voir ROUSSET, *Dictionnaire des communes du Jura*, art. Salins.)

témoins, nobles vénérables et sages personnes messire François Symart, docteur en sainte théologie ; Claude Nicod, docteur en droit ; Pierre Nardin, citoyen de Besançon ; Nicolas Didier et Hierôme Jobert. L'acte fut signé le jour même et le prix de vente fut fixé à 3,000 fr., qui furent payés comptant, nombrés en 1,550 écus au soleil d'or. C'était une somme importante pour l'époque (1).

Quatre jours plus tard (12 juillet 1527), l'archiduchesse Marguerite, ou plutôt le parlement de Dôle, agissant au nom de sa souveraine, autorisa l'acquéreur (2) à prendre réelle possession de la seigneurie sans danger de commise.

Le vendeur s'étant borné, dans l'acte de vente, à déclarer qu'il entendait transmettre la propriété telle qu'il l'avait trouvée dans la succession de son frère et telle que celui-ci l'avait reçue d'Antoine Peréal, acquéreur en 1516, pour connaître l'état et l'importance de la seigneurie acquise par Nicolas Perrenot, il suffit de s'en référer au contrat de 1516 que nous avons analysé plus haut.

On peut s'étonner que Nicolas Perrenot, citoyen d'Ornans, du reste occupé à des charges qui le retenaient loin de son pays et disposé à servir son maître partout où il serait envoyé par lui, soit venu acheter dans un coin retiré du bailliage d'Amont éloigné d'Ornans, de Dôle, de Besançon, seuls centres de son action en Franche-Comté, une terre qui ne lui offrait d'ailleurs ni demeure résidentielle, ni site gracieux, ni agréable séjour de repos. Il y a lieu de penser

---

(1) Afin d'être éclairé aussi exactement que possible sur le rapport de cette somme de 3,000 fr. avec la valeur actuelle de l'argent, il est intéressant de consulter dans le Bulletin de l'Académie de Besançon (année 1890) les comptes des d'Andelot, publiés par M. Jules Gauthier. Là, on voit que la journée du faucheur se payait, dans la première moitié du XVIe siècle, trois blancs, ce qui représente la seizième partie du franc. Or le même travail est communément rétribué aujourd'hui à raison de 3 fr. Si l'on prend cette proportion comme base de calcul, les 3,000 fr. d'alors représenteraient aujourd'hui environ 144,000 fr.

(2) Acte d'autorisation. — Arch. pers.

que cette acquisition fut la conséquence des relations
d'amitié qui l'unissaient à la famille Vicquot. Le dernier
possesseur de la terre, le chanoine Vicquot, était l'ami de
Nicolas Perrenot ; même il avait été en 1519 le parrain de sa
fille Henriette, future épouse de Claude Leblanc, seigneur
d'Ollans et gruyer de Bourgogne. Sans doute, le chanoine,
déjà vieux et désireux de ne point garder l'héritage qu'il venait
de recueillir, en proposa la vente à son ami l'ambassadeur.

Pour Nicolas Perrenot cette acquisition fut une date et,
pour sa famille, un événement. Malgré le nombre et
l'importance des domaines et seigneuries que lui et les siens
achetèrent et possédèrent dans la suite (1), la terre de
Grandvelle, la première acquise, eut une place à part dans
son affection et dans celle de sa famille. Dès lors il ajouta à
son nom patronymique celui de sa terre et le second fit
bientôt oublier le premier (2).

Le nouveau seigneur ne résida jamais à Grandvelle. Y
vint-il quelquefois ? C'est douteux. En tout cas, s'il y fit
quelques visites, ce ne dut être que fort rarement, eu égard
à son absence habituelle de Franche-Comté et à ses absor-
bantes occupations. Mais, de près ou de loin, il s'intéressait à
ce domaine, se préoccupait de tout ce qui pouvait en
augmenter l'importance. C'est ainsi qu'en 1536 il lui adjoignit,
par acquisition, une seigneurie voisine, celle de Maizières-les-
Fondremand (3).

(1) Morino Cavelli, ambassadeur de la République de Venise à la cour impériale,
disait, en 1551, de Nicolas Perrenot et de son fils l'évêque d'Arras qu'ils avaient,
en peu d'années, tellement enrichi leur maison, auparavant simple et pauvre, que
ce qu'elle possédait s'élevait à des millions. (Inventaire des papiers du cardinal de
Granvelle. — Brochure de M. Gachard, archives générales de Belgique, p. 76).

(2) Par une anomalie que rien ne justifie, mais qui est consacrée par l'usage,
tandis que le nom du village a gardé son ancienne orthographe : *Grandvelle*, celui
de la famille s'est légèrement modifié et s'écrit : *Granvelle*. Nous nous conforme-
rons à cette manière d'écrire l'un et l'autre de ces deux mots.

(3) *La vérité sur la famille Perrenot de Granvelle*, par M. MARLET.

Bien plus, en 1549, il créa de toutes pièces sur le territoire de Grandvelle un nouveau centre d'habitation, auquel il attribua avec complaisance son nom patronymique et qu'il appela : le Perrenot. Les conditions de cette création sont contenues dans un traité passé à Besançon, le 30 décembre 1549 (1) par devant Nicole Aymonot de Fondremand et Jean de Vayvre, citoyens de Besançon, tous deux notaires de la Cour archiépiscopale. L'acte porte que « mille arpents de bois seront détachés d'un important massif forestier faisant partie de la terre et seront partagés à titre d'ascensement perpétuel entre trente-deux familles des communautés de Villersbouton, du Cordonnet, de Montarlot et de Pont-de-Planche, villages voisins de Grandvelle, et que chaque famille censitaire recevra, à titre de cens, trente-deux arpents dont l'un devra servir à faire des maisonnements, vergers et curtils, et les trente-un autres devront être défrichés et réduits en labour et culture. Les meix et maisons devront être construits convenablement et les héritages séparés. Chaque famille devra payer au seigneur trente-un écus représentant la valeur du lot territorial cédé, lui servir une rente perpétuelle et annuelle de trente gros ainsi qu'une taille annuelle de quatre blancs (2), lui fournir à carême entrant une poule et à toutes moissons la dîme d'une gerbe sur vingt. Moyennant l'acquittement de ces charges, les censitaires seront de franche condition, jouiront comme bon leur semblera des terres, prés et bois ascensés, auront la faculté de pâturer leur bétail gros et menu sur tout le finage de Grandvelle en toute saison, et enfin pourront prendre du bois pour leur usage sur tout le territoire de la communauté. Par réciproque, les habitants

(1) Traité de 1549. — Arch. communales de Grandvelle.

(2) Le gros est la douzième partie du franc. Il vaut 20 deniers ou 4 blancs ou 5 liards ou 80 engroignes ou niquets. Le blanc est la quarante-huitième partie du franc. Le blanc vaut 5 deniers. Le denier vaut 4 engroignes ou niquets.

de Grandvelle pourront à volonté pâturer par tout le bois ascensé et bénéficier de la vive vaine et morte pâture. » Quant à Nicolas Perrenot de Granvelle, il se réserva vis-à-vis de ses nouveaux sujets tous les droits de justice et tous les privilèges seigneuriaux établis par son acte d'acquisition de 1527. Chaque chef de famille fut ainsi contraint notamment à trois corvées de bras, lors des fenaisons et moissons, et s'il possède attelage et instruments de labour, à trois corvées de charrue. Le traité fut mis à exécution et le Perrenot fondé. Cette fondation, toutefois, comme nous le verrons dans la suite, eut des débuts laborieux et difficiles, mais la pensée du maître n'en suivit pas moins son cours.

Nicolas Pérrenot et sa femme jouirent ensemble, pendant vingt-trois ans, de cette terre achetée, agrandie et transformée par leurs soins. Vint cependant pour le chef de famille l'heure de la quitter. Nicolas Perrenot de Granvelle mourut, le 28 août 1550, à la diète d'Augsbourg et, à cette date, s'ouvrit sa succession. Elle avait été réglée d'avance. Dans un testament mystique et réciproque en date du 21 septembre 1545, les deux époux avaient consigné leurs dernières volontés. Celles-ci visent l'universalité des biens et l'ensemble des enfants. Je pourrais ne mettre en relief ici que ce qui a rapport à la terre de Grandvelle et à celui des enfants qui va en devenir propriétaire. Mais tout se tient dans cet acte important et mérite d'être consigné.

Les enfants de Nicolas Perrenot de Granvelle et de Nicole Bonvalot, qui étaient nés au nombre de quinze, se trouvaient encore onze vivants au décès de leur père (1550), savoir six filles et cinq garçons. C'étaient, selon leur date de naissance :

1° Marguerite (1516), mariée en premières noces à Léonard de Grammont et en secondes à Jean d'Achey, baron de Thoraise ;

2º Antoine (1517), évêque d'Arras, futur cardinal (1) ;

3º Etiennette (1518), épouse de Guyon Mouchet, seigneur de Châteaurouillaud ;

4º Henriette (1519), épouse de Claude Le Blanc, seigneur d'Ollans, gruyer de Bourgogne ;

5º Thomas (1521), seigneur de Chantonnay et de Cantecroix, futur baron de Grandvelle (2) ;

6º Hiérôme (1524), seigneur de Champagney, baron d'Antremont (3) ;

7º Marguerite (1525), mariée en premières noces à Antoine de Laubespin et en secondes à Ferdinand de Lannoy ;

8º Anne (1526), épouse de Marc de Beaujeu, seigneur de Montot ;

(1) Antoine Perrenot, né à Besançon le 26 août 1517, fut successivement : évêque d'Arras (1540), archevêque de Malines (1560), cardinal (1561), président du Conseil suprême d'Italie et de Castille, garde des sceaux, vice-roi de Naples (1571), premier ministre, archevêque élu de Besançon (1586). Il mourut à Madrid, sans avoir pu prendre possession de son siège, le 21 septembre 1586. Son corps fut ramené à Besançon et inhumé dans le tombeau de sa famille, aux carmes déchaussés.

(2) Thomas Perrenot, né à Besançon le 9 juin 1521, mêlé comme son père et son frère Antoine aux affaires de l'Etat, fut successivement ambassadeur d'Espagne à Paris (1560), à Vienne (1565), à la diète germanique comme représentant du cercle de Bourgogne (1570), délégué spécial de son souverain pour épouser, au nom du roi son maître, la princesse Anne, fille de l'empereur Maximilien II, laquelle devait être la quatrième femme de Philippe II (1570). Thomas Perrenot avait épousé en 1549, à Anvers, Hélène de Bréderode, dame d'honneur de la reine douairière de Hongrie. La cérémonie nuptiale avait été rehaussée par la présence de Charles-Quint et celle de ses sœurs Eléonore, reine douairière de France, et Marie, reine douairière de Hongrie. Il mourut à Anvers en février 1571, et son corps, ramené à Besançon, fut inhumé dans le tombeau de la famille, aux carmes déchaussés. Il laissait, entre autres enfants, François, comte de Cantecroix après son père, et Péronne, mariée à Antoine d'Oiselay, baron de la Villeneuve.

(3) Hiérôme Perrenot, né à Besançon le 16 mai 1524, présenté à la cour par son frère l'évêque d'Arras, fut promptement honoré de la confiance de l'Empereur, devint gentilhomme de la bouche du roi catholique, surintendant en Flandre, se distingua surtout dans le métier des armes, et mourut, en octobre 1554, au siège de Montreuil. Il n'avait pas été marié, mais il laissait, de la fille du marquis de Bade, un fils naturel, Octavio, qu'il avait légitimé et même institué son héritier, au grand mécontentement de la famille.

9° Laurence (1527), mariée en premières noces à Claude de Chalans, baron de Verjon, et en secondes à Pierre de Montluel, baron de Châteaufort ;

10° Charles (1531), chanoine de la métropolitaine de Besançon, abbé de Faverney (1) ;

11° Frédéric (1536), futur comte de Champagney après la mort de son frère Hiérôme (2).

Dans le testament de leur père, ces enfants sont inégalement partagés. Les filles y sont traitées suivant les conditions de fortune que leur avaient faites leurs mariages ou selon les prévisions auxquelles leurs parents pouvaient s'arrêter à leur endroit. Aussi sont elles mentionnées comme légataires à des titres très variables. Des cinq garçons, deux, Antoine et Charles, étant déjà pourvus de riches bénéfices et

(1) Charles Perrenot, né à Besançon le 9 janvier 1531, entra dans les ordres et fut : protonotaire, chanoine archidiacre de la métropolitaine à Besançon, abbé commandataire du Parc en Sicile, trésorier du chapitre d'Utreckt, membre du conseil privé des Pays-Bas, abbé commandataire de Faverney en 1546 ou 1547. Il avait été surnommé « le bon abbé ». Il était de passage à son abbaye de Faverney quand il y mourut en juin 1567. Son corps, ramené à Besançon, fut inhumé dans le tombeau de la famille. — Son frère Frédéric, deuxième comte de Champagney, fut son héritier.

(2) Frédéric Perrenot, né à Barcelone le 1er avril 1536, baron de Renais, puis comte de Champagney, fut surtout homme d'épée. Il s'attacha au duc d'Albe et le seconda dans son administration, porta les titres de gentilhomme de la chambre du roi d'Espagne, gouverneur d'Anvers (1571), chef des finances en Flandre, chevalier d'honneur au parlement de Dôle et lieutenant pour le roi dans la capitainerie de Besançon. Actif, intelligent, mais léger et présomptueux, il devin suspect à son souverain, fut emprisonné à Gand (1578) et ne recouvra sa liberté qu'en 1584. Revenu en faveur, il reprit le gouvernement d'Anvers, mais en 1592, à la suite de nouvelles fautes, il fut exilé en Franche-Comté et mourut à Dôle en 1602. De son mariage avec Constance de Berckeim il n'eut qu'un enfant, Hélène, qui épousa Philibert-Emmanuel de La Baume, comte de Saint-Amour. (Voir pour ces détails biographiques : dom. LÉVÊQUE, *Mémoires pour servir à l'histoire du cardinal de Granvelle* ; *Le nobiliaire de Dunod* ; *La monographie du palais Granvelle*, par CASTAN ; La préface écrite par M. Weiss en tête de la publication des papiers d'état du cardinal de Granvelle ; *L'étude sur Frédéric Perrenot*, par le président CLERC, dans les mémoires de l'Académie de Besançon, année 1881.)

l'avenir de tous deux se trouvant assuré, ne sont désignés que comme devant recueillir de légers souvenirs ou de simples usufruits. Les trois fils restants, savoir : Hierôme, Frédéric et Thomas, sont créés légataires universels ; enfin Nicole Bonvalot, mère de tous ces enfants, est, en cas de décès de son mari, instituée usufruitière de l'universalité des biens.

A cet acte toutefois avait été adjoint, en 1549, un codicile spécial qui avait déterminé des attributions de biens à chacun des enfants et de plus constitué un fidéicommis au profit de l'un d'eux.

L'ensemble du codicile avait été rédigé « en vue de la concorde et de la paix. » Par le fidéicommis, le testateur avait eu pour but de constituer en un groupe indivisible, ainsi mis à l'abri de toute vente ou de toute cession et devant se transmettre indéfiniment par la loi de substitution, certaines propriétés ou certaine charge pour lesquelles il avait une affection particulière. Par le codicile, Thomas, à titre de simple héritier, devait recueillir les seigneuries de Chantonnay, Maizières, Boult, Bussières, Rosey, Mallans, Lods, Vaux, Dannemarie, Scey et Avanne en Franche-Comté, ainsi que la terre de Cantecroix en Flandre (1). Ce fut Thomas aussi qui bénéficia du fidéicommis. Du reste ce fils de Nicolas Perrenot de Grandvelle était appelé par l'ordre de primogéniture à devenir dans le monde chef de la famille, puisque son frère aîné était entré dans les ordres. Comme héritier privilégié, Thomas avait dans son attribution le palais Granvelle à Besançon, les vignes, terres arables, prés, vergers, rentes, eaux, rivières sis en cette ville, dans sa banlieue et ses environs, l'état de maréchal de l'Empire, la

______

(1) La terre de Cantecroix, près d'Anvers, fut achetée par Nicolas Perrenot et sa femme en 1549. Elle fut érigée en comté en 1570 et en principauté au commencement du 17e siècle.

seigneurie de Grandvelle et les propriétés d'Ornans. Voici, au surplus, en quels termes ces dernières dispositions étaient libellées : « Voulons que le dict Thomas ayt la dicte maison (le palais Granvelle) et pièces avant dictes et qu'elles luy appartiennent à luy et ses hoirs masles proscréez en léal mariage, préférant toujours l'esney filz et les enfantz masles descendantz de luy aux aultres ; et au deffaut du dict Thomas et des descendants de luy hoirs masles, voulons que la dicte maison, seigneurie de Grandvelle et pièces avant dictes retournent et adviennent à Hierosme second de nos dicts héritiers universaulx et à ses hoirs masles naturels et légitimes ; et successivement à Frédéric notre tiers héritier universel et aux siens par la forme et condition susdictes. Et, au deffaut d'iceulx de nos trois héritiers et descendantz d'eulx masles, voulons que les dictes maison seigneurie et pièces retournent à la fille esnée du dict Thomas, et au deffault d'elle aux aultres ses filles et, deffaillantz icelles, aux filles de nos susdits fils héritiers aussi universaulx, en la forme manière condition et prérogative avant dictes : et afin que les dictes maison, seigneurie et pièces demeurent toujours à ceulx du nom de moy le dict Nicolas Perrenot si longuement que faire se pourrat, et se conservent les dictes maison seigneurie et pièces y unies, sans que nos dicts héritiers ny descendantz d'eux les puissent vendre ny aliéner, ou altérer la disposition avant dicte pour cause ny nécessité quelconque. » (1)

Ce fut Nicole Bonvalot, veuve du défunt, qui bénéficia d'abord de ces dispositions testamentaires. A titre d'usufruitière, elle prit la direction et l'administration de la fortune. C'était justice ; une bonne partie des domaines mentionnés

---

(1) Inventaire des papiers du cardinal de Granvelle à Madrid, et inventaire des archives trouvées au palais de Granvelle, à Besançon, en 1607, par M. Gachard, archiviste général du royaume de Belgique, Bruxelles, Liepzig, Gand, 1862.

dans le testament lui revenait de droit par moitié, la plupart d'entre eux ayant été achetés des deniers de la communauté. Du reste, cette charge de l'administration n'était pas pour lui déplaire. Elle s'était déjà, du vivant de son mari, familiarisée avec ces soins de gestion, ayant même été souvent forcée par les circonstances de gérer la fortune familiale. C'est ainsi que sur une demande faite par elle à l'Empereur d'un mandement à terrier pour contraindre ses vassaux et sujets à représenter leurs titres et à passer une nouvelle reconnaissance, elle obtint, le 25 avril 1551, une ordonnance d'enquête (1). A cet effet, le Parlement nomma commissaire-enquêteur pour Grandvelle le conseiller Jacques de Mesmay. Ce délégué se rendit le 27 juin suivant à Grandvelle. Devant lui comparurent dix particuliers, tous manants et habitants de la seigneurie, avec mission de représenter leurs concitoyens absents ; c'étaient : Jean Munier le vieil, Simon Demougin, Claude Bidault, Nicolas Guyard, Jean Demougin, Jean de Soye, Manuel Colot, Richard Vaney, Simon de Soye, Martin Demougin. De son côté, Madame de Granvelle fut représentée par honorable Conrad Corcier, notaire public, résidant à Maizières, son procureur dans sa seigneurie.

A retenir de ce procès-verbal d'enquête : 1º qu'on voyait alors au territoire de Grandvelle les ruines de l'ancien château, celles-ci assises au milieu d'une prairie, au lieu dit En-Marraux, et y occupant la superficie d'un journal ; 2º que du château dépendait une chapelle située dans l'intérieur du village (2) ; 3º que chacune des corvées se rachetait, savoir : celles de charrue, six blancs ; celles de la faulx à l'époque de la fenaison, quatre blancs ; celles de la faucille à l'époque

----

(1) Procès-verbal d'enquête, 1551. — Arch. pers.

(2) Cette chapelle tomba complètement en ruines pendant la guerre de dix ans, vers 1636 ; mais ses derniers restes ne disparurent que dans le cours de notre siècle.

de la moisson de froment et de la moisson d'automne, huit engroignes ; 4° que l'infraction au droit de traicte de bois, à la servitude des four et moulin bannaux était punie par une amende de soixante sols ; 5° que le seigneur de Grandvelle a le pouvoir de nommer et d'instituer tous officiers tels que juge, procureur, scribe, sergent, fournier et autres ; 6° enfin que la seigneurie comprend alors vingt-sept faulx de prés, environ soixante-quinze journaux de terres arables, une rivière, la superficie d'un ancien bois de mille arpents situé sur le territoire du nouveau village du Perrenot, des lods (1) de quatre blancs par franc dûs par tous les habitants et une maison de cultivateurs sise au village et récemment achetée.

Avant de clore le procès-verbal, Simon et Martin Demougin, agissant à titre de délégués, déclarent devant le commissaire-enquêteur, après avoir préalablement prêté serment, que tous les tenanciers sont mainmortables, taillables et corvéables de ladite dame usufruitière, et, en garantie du paiement des redevances à elle dues, engagent leurs biens propres et consentent à ce qu'ils soient grevés d'une hypothèque au profit de Madame de Granvelle. Ce procès-verbal reçut la consécration de l'autorité souveraine et fit titre, dès lors.

Les relations entre les communautés de Grandvelle et du Perrenot eurent des débuts difficiles. Ainsi, lorsque les habitants du Perrenot voulurent exercer sur l'universalité des fonds de la terre les droits d'usage et de parcours que leur concédait le traité de 1549, ils rencontrèrent une vive opposition. Les deux communautés parlementèrent pendant près de deux ans, mais, Nicolas Perrenot étant mort au cours des débats, ce fut Nicole Bonvalot qui apaisa le conflit par un acte passé à Grandvelle le 26 août 1551 (2). Par cet acte, et

(1) Lods, redevance qu'un seigneur avait droit de prendre sur la vente d'un héritage. Nos droits de mutation actuels.

(2) Arch. communales de Grandvelle.

afin de « nourrir et entretenir une bonne paix, union et concorde », il fut convenu que pour indemniser les habitants de Grandvelle des droits d'usage et de parcours concédés aux colons du Perrenot sur l'ensemble de la terre de Grandvelle, il serait distrait de la concession primitive cent arpents de bois qui devraient rester en nature de forêt, et sur le sol des quels l'universalité des habitants soit de Grandvelle, soit du Perrenot, exercerait tous droits de pâture, vaine, morte ou vive. Comme conséquence de cette concession, les censitaires portés d'abord à trente-deux furent réduits à vingt-huit. Nicole Bonvalot avait été représentée à la passation de l'acte par noble Nicolas Lulier, seigneur de Mont et de Raucour, tabellion général, que nous avons déjà vu figurer comme notaire dans l'acquisition de 1527 et dans la concession de 1549.

Ajoutons en passant que ce traité n'apaisa pas toutes les susceptibilités éveillées entre les deux communautés voisines. Elles durèrent longtemps ; et aujourd'hui encore, s'il reste entre les deux agglomérations quelque rivalité, on peut en faire remonter la cause à leur différence d'origine et au souvenir des anciennes préférences du maître pour sa création personnelle. Il y a, en effet, encore aujourd'hui inégalité de traitement entre les deux communautés. Ainsi, pour n'en citer qu'un exemple, des deux cent onze hectares de bois qui meublent actuellement le sol de la commune totale, le tiers environ appartient à la section du Perrenot, quoique sa population (51 habitants) ne dépasse guère le sixième de celle du village de Grandvelle (1).

___

(1) A partir de 1569, le Perrenot constitua une seigneurie séparée de celle de Grandvelle. La séparation des tailles et des corvées ne se fit pas sans litiges. Au cours du 18e siècle, le Parlement décida que les descendants des premiers taillables et corvéables du Perrenot ne devaient leurs bras, leurs charrues ou leur argent qu'à leur propre seigneur, et que, par contre, ce dernier ne devait rien exiger des habitants de Grandvelle.

En mourant, Nicolas Perrenot de Granvelle n'avait pas seulement légué à ses enfants son immense fortune, mais encore son dévoûment sans bornes à la couronne d'Espagne. Les fils furent dignes de leur père. L'histoire a enregistré les services de chacun d'eux et les récompenses particulières qu'en retour le prince leur prodigua. Mais un jour vint où Charles-Quint voulut reconnaître d'une manière éclatante la fidélité de tous et honorer la famille entière dans la personne de l'un de ses membres. Thomas fut l'objet du privilège et la terre de Grandvelle, l'instrument des faveurs impériales. Quoique Nicole Bonvalot fût usufruitière de Grandvelle, son fils Thomas en était, de par le testament de son père, le réel propriétaire et le véritable seigneur. De plus, ce dernier quoique puîné était devenu, comme nous l'avons déjà fait remarquer, le chef de la famille par l'entrée d'Antoine dans les ordres. En honorant Thomas, Charles-Quint honorait celui qui devait continuer la souche de la famille et, en accordant un privilège à la seigneurie de Grandvelle, il honorait une fois de plus un nom déjà noblement porté. Il érigea donc la terre de Grandvelle en baronnie au profit de Thomas Perrenot (1555).

Le diplôme d'érection de la terre de Grandvelle en baronnie (1) nous paraît, par sa teneur et par son esprit, dépasser de beaucoup la portée d'une simple concession de titre. Il témoigne d'abord de la haute estime et de la profonde affection de l'Empereur pour les divers membres de la famille Perrenot, et de plus, en fixant l'état de chacun d'eux à la date de la concession, il donne sur ces personnages de précieux renseignements biographiques. Nicolas Perrenot et ses cinq fils y sont tour à tour nommés.

---

(1) Texte latin sur parchemin (haut., 44 cent. ; larg., 70 cent.) scellé du grand sceau pendant de l'Empire. — Pièce orig. — Arch. pers. — Voir *ad calcem* sa publication textuelle et intégrale.

Voici les principaux passages de la pièce :

« Charles Vme, par la grâce de Dieu, auguste empereur des Romains, roi de Germanie... à notre noble, fidèle et très-affectionné Thomas Perrenot, baron de Grandvelle, seigneur de Chantonnay, chevalier, commandeur de Calamea, de l'ordre de Calatrava, conseiller en notre Conseil... salut et prospérité.

« Considérant la gloire immortelle de ton illustre père Nicolas Perrenot, seigneur de Grandvelle; les qualités d'esprit et de cœur avec lesquelles il géra les affaires du saint Empire romain et celles de nos terres d'Autriche et de Bourgogne, en paix comme en guerre, sur terre comme sur mer et souvent au prix de grands labeurs et de cruels dangers ; en particulier, le dévoûment et l'intrépidité avec lesquels il nous accompagna dans nos expéditions militaires contre les Turcs, les Français et nos autres ennemis ; le zèle avec lequel il arrêta le flot des hérétiques pour le plus grand profit de notre personne, de notre état et du monde chrétien ; l'habileté qu'il déploya comme ambassadeur dans la conduite de plusieurs négociations délicates auprès des princes chrétiens ; le succès avec lequel il occupa jusqu'au dernier jour de sa vie la charge de garde des sceaux et de premier ministre ;.....

« Considérant les rares mérites de ton frère Antoine Perrenot, notre cher et révérend évêque d'Arras, à son tour premier ministre et garde des sceaux ; spécialement la pénétration d'esprit, la pureté de mœurs, la rare érudition, l'habileté dont il fit preuve dans les diverses légations qui lui ont été confiées et dans la charge de président du Conseil qu'il occupe actuellement ; le courage qu'il montra dans toutes nos expéditions les plus périlleuses ; la prudence avec laquelle il traita les affaires du Saint-Empire et de nos autres états ; l'habileté avec laquelle il s'acquitta de plusieurs

missions importantes auprès du Saint-Siège, du Concile de
Trente et des principaux souverains de la chrétienté ; le zèle
et le dévoûment qu'il déploya dans la conclusion de divers
traités et alliances avec les rois, les princes et les peuples ;
enfin le respectueux empressement et les soins assidus dont
il entoure aujourd'hui notre personne ;.....

« Considérant les précieux services que de son vivant ton
autre frère Hiérôme Perrenot, seigneur de Champagney, nous
rendit, et ceux plus grands encore que nous étions en droit
d'en attendre si les destins jaloux ne nous l'avaient ravi par
une mort prématurée ; en particulier, la prudence, la fidélité,
l'habileté avec lesquelles il remplit d'abord près de notre cour
impériale la charge d'ambassadeur de notre frère bien aimé
Ferdinand, roi des Romains de Hongrie et de Bohême, puis
celle de gouverneur de notre bien aimé parent Guillaume
prince d'Orange comte de Nassau alors mineur, et celle
d'administrateur de ses états ; le courage et l'intrépidité qu'il
montra en plusieurs guerres importantes engagées avec
l'Allemagne et la France ; et surtout la vaillance dont il fit
preuve dans les deux sièges de Béthune et de Montreuil,
jusqu'à ce que sous les murs de Montreuil, dans une sortie
des assiégés, il ait été frappé d'un coup d'arquebuse qui lui
enleva la vie et détruisit toutes les espérances que nous
avions fondées sur lui ;.....

« Considérant, pour en arriver à toi Thomas, les qualités
d'esprit, les insignes vertus, l'expérience des affaires, la
science parfaite de l'art militaire, le dévoûment à notre
personne et à nos états dont tu n'as cessé de nous donner des
preuves ; en particulier, les précieux services que tu nous a
rendus dans notre Cour d'abord en qualité de majordome de
notre bien aimé gendre Maximilien, roi de Bohême, puis
comme envoyé par lui en Espagne pour le représenter, selon
la coutume des rois, à ses fiançailles solennelles avec la
sérénissime princesse Marie notre chère fille aînée ; le succès

avec lequel tu t'es acquitté d'une foule de missions difficiles tant auprès du sérénissime prince Henri VIII roi d'Angleterre qu'auprès des autres souverains du monde chrétien ; le courage avec lequel tu as pris part à de nombreuses expéditions militaires sur terre et sur mer, soit en Afrique contre les Maures, où, devant Alger, un naufrage engloutit tout ce que tu possédais, soit en France et en Flandre contre notre ennemi le roi de France, soit en Germanie contre les rebelles de l'Empire ; et surtout l'intrépidité dont tu as fait preuve en notre présence dans le combat où, après avoir taillé ses troupes en pièces, nous avons fait prisonnier l'illustre Jean-Frédéric duc de Saxe ; la valeur indomptable que tu déployas au siège périlleux de notre cité impériale de Metz ; enfin les témoignages d'attachement que tu nous donneras encore dans la suite;.....

« Considérant les hautes espérances que nous fondons sur les jeunes frères Charles et Frédéric Perrenot ; leur excellent naturel, leurs rares vertus, l'éclat de leur naissance, le zèle qu'ils tiennent de leur père et les signalés services que nous ne doutons pas qu'ils nous rendront ainsi qu'à nos successeurs ;.....

« Nous te créons, toi Thomas Perrenot et tes enfants nés et à naître en légitime mariage et leurs descendants, seigneurs en toute franchise nobles et vaillants barons ; nous vous décorons du nom, des armes et des titres attachés aux baronnies ; nous vous accordons tous les privilèges dont jouissent dans le Saint Empire romain et dans nos royaumes, terres, provinces, spécialement au comté de Bourgogne, les barons issus de huit degrés paternels et maternels..... Pour donner consécration à cet acte et lui assurer la perpétuité, Nous érigeons la terre de Grandvelle, son territoire, sa juridiction, ses dépendances, ensemble tes immeubles situés dans notre ville impériale de Besançon avec toutes leurs dépendances, en libre domaine et en baronnie. — En vertu de

cet édit impérial valable à perpétuité, Nous voulons que
cette terre de Grandvelle, à laquelle doivent rester unis tes
immeubles de Besançon, ne soit soumise à aucune imposition
ou charge publique, que personne, pour aucune cause crimi-
nelle ou civile, ne puisse en être extrait ;..... et que ni toi ni tes
enfants légitimes vous ne releviez d'aucun autre tribunal que
du nôtre et de celui des empereurs romains, nos successeurs,
rois et comtes de Bourgogne.....

« En témoignage de quoi, les présentes ont été scellées de
notre sceau impérial.

« Donné à Bruxelles, duché de Brabant, le 1er mai 1555 ;
de notre règne la 35e année comme empereur, et la 40e
comme roi.

« CHARLES

Contresigné : PFINTZING. »

Malgré la concession impériale qui fait Thomas Perrenot
baron de Grandvelle et consacre ainsi davantage encore les
relations de ce dernier avec sa baronnie, c'est toujours Nicole
Bonvalot, en vertu de son privilège d'usufruit, qui admi-
nistre la terre. C'est elle qui perçoit les tailles (1). Elle en
ordonnance le paiement par mandements revêtus de sa
signature et de son sceau. Voici, à titre de spécimen, le texte
du mandement de 1557 (2) : « Vous habitants de Grandvelle,
nos hommes et subjets mainmortables, taillables haut et bas
à notre volonté, avez été imposés pour les jours et deux
festes Annonciation Notre Dame mil cinq cent cinquante six

(1) Taille, redevance en argent ou en nature, imposée par le seigneur à ses
sujets mainmortables. On était taillable de trois sortes : 1º de corps et de biens,
ou à merci ou de haut et de bas ; 2º quant aux biens seulement ; 3º par abonnement, c'est-à-dire qu'à la taille arbitraire se trouvaient substituées les conditions
fixes d'un abonnement.
(2) Mandements divers. — Arch. pers.

derrière passée, et Saint Michel Archange présent venant pour les tailles par vous à nous annuellement dehues aux dits saints, à la somme de quarante francs (1), trois gros, laquelle somme vous ordonnons de payer à Conrad Corcier, notre recepveur au dit Grandvelle, à peine de recouvrèr sur vous tous frais. — Donné en la cité de Besançon sous notre nom et seing accoutumés le vingt quatrième jour du mois d'aout mil cinq cent cinquante-sept. — Nic. Bomvallot (sic). »

Chaque année, dans le cours de l'hiver, maitre Conrad Corcier, que nous avons déjà signalé comme receveur de la terre de Grandvelle, portait à Besançon ses comptes et les remettait à sa mandante après avoir solennellement renouvelé entre ses mains son serment de fidélité. Ceux qu'il déposa au palais Granvelle le 22 janvier 1558 (v. st.), contiennent les mentions suivantes :

« I. Recettes (pour tailles, rachats de corvées, exploits de justice et autres redevances) : 524 francs 7 gros 6 deniers tournois; 15 bichots (2) 23 quartes de froment; 10 bichots 4 quartes d'avoine ; 71 gélines ; huit 22 (176) pussins.

II. Dépenses : 1º charges diverses, 369 francs, 2 gros 11 deniers tournois ; 15 bichots 23 quartes et demie de froment ; 10 bichots 22 quartes et demie d'avoine ; 103 gélines, 117 pussins. 2º Honoraires du receveur : 12 quartes de froment, 11 quartes et demie d'avoine et 30 gélines. »

Ainsi, toute déduction faite, maître Corcier versa aux mains de sa mandante le 22 janvier 1558 « sept vingt quinze francs quatre gros trois blancs », et il déclara devoir livrer à première réquisition 7 bichots de seigle, 32 livres de cire et 55 pussins.

Dans les dernières années de sa gestion, Nicole Bonvalot avait, il est vrai, renoncé, au profit de son fils Thomas, à

(1) Dans les années qui suivirent 1557, les tailles furent élevés à 41 fr.
(2) Le bichot valait 35 doubles décalitres.

diverses jouissances usufruitières. Mais c'est seulement lorsqu'elle se fut « glorieusement et chrétiennement éteinte » (1) (1570), que le baron de Granvelle eut la pleine propriété et la complète gestion de ces domaines. Ce fut toutefois pour peu de temps, car il mourut en 1571 (2).

A la mort de Thomas Perrenot, l'ensemble des biens compris dans le fidéicommis et faisant partie de la baronnie nouvellement érigée passa à l'aîné des fils du défunt, François Perrenot, qui fut généralement connu sous le nom de deuxième comte de Cantecroix. Nous le trouvons qualifié chevalier, commandeur de l'ordre d'Alcantara, comte de Chantonnay et de Cantecroix, maréchal de la cité de Besançon, ambassadeur de Sa Majesté impériale auprès de la république de Venise. Il épousa Barbe de San Vitale.

François Perrenot administra la terre de Grandvelle comme l'avaient fait ses grands parents et son père après eux. Il se plut même à conserver le personnel attaché par eux à cette administration, car en 1583 le receveur de Grandvelle est encore Conrad Corcier. A cette époque, le montant des tailles était descendu de 40 fr. à 35. C'est habituellement le propriétaire lui-même qui ordonnance les feuilles d'impôts. Il les signe rarement du nom de Granvelle ; nous en trouvons quelques-unes cependant signées Baron de Granvelle ; celle de 1593 porte même Dom Francisco Perrenot barone di Granvella (3). A son défaut, c'est son intendant au pays et comté de Bourgogne Jacques de Saint-Mauris (4) qui les délivre. Ces pièces de gestion sont toutes datées de la cité de Besançon.

---

(1) Duvernoy, *Notice sur les maisons de Granvelle et de Saint-Mauris*.

(2) Castan, *Monographie du palais Granvelle*, p. 16. — La veuve de Thomas Perrenot, mourut elle-même à Anvers en 1572.

(3) Arch. pers.

(4) Jacques de Saint-Mauris était le fils de Jacques de Saint-Mauris, ambassadeur en France, président du conseil d'Etat, et de Etiennette Bonvalot. Il fut l'ami

A mentionner ici un acte de foi et hommage de dom François Perrenot à l'égard du roi d'Espagne. Par un édit royal publié au parlement de Dôle le 18 novembre 1583, Philippe II avait ordonné, comme il le fit de nouveau le 18 septembre 1596, à tous possesseurs de fiefs en Franche-Comté de lui en donner le dénombrement et de renouveler entre ses mains ou en celles de son mandataire leur serment de fidélité. Les patentes royales commirent le gouverneur du comté de Bourgogne, messire *François de Vergy comte de Champlitte* (1), à l'effet de représenter Sa Majesté auprès de ses vassaux. Le seigneur de Grandvelle, pour obéir aux ordres de son souverain, se mit en devoir de faire exécuter ce dénombrement et chargea de ce soin son beau-frère messire Pierre-Antoine d'Oiselay, chevalier, seigneur de La Villeneuve, de Frasne-le-Château, etc. Sur l'ordre de ce dernier, l'acte de dénombrement fut rédigé le 9 novembre 1584, au château de Frasne, par Etienne Marmier, notaire, citoyen de Besançon, coadjuteur des tabellions des bailliages d'Amont et de Dôle. La pièce contient la nomenclature des droits et reconnaissances relatés dans les titres précédents. De ce chef, elle n'a qu'un faible intérêt, mais elle porte que le lendemain même de sa rédaction, 10 novembre, elle fut remise par Antoine d'Oiselay à François de Vergy, résidant alors au château de Gray, et que là « Antoine d'Oiselay, en

particulier de son cousin germain le cardinal de Granvelle. Engagé dans les ordres, il fut pourvu de diverses charges ecclésiastiques, comme celles de conseiller-clerc au parlement de Dôle, d'abbé de Montbenoît. Il est surtout connu sous la qualification de prieur de Bellefontaine. Il mourut en 1603. (*Notices sur les maisons de Granvelle et de Saint-Mauris*, par M. DUVERNOY.)

(1) François de Vergy fut gouverneur et capitaine général de Franche-Comté de 1566 à 1591, date de sa mort. (GOLLUT, *Rép. séq.*). Il fut l'un des quatre membres de cette antique famille qui se succédèrent sans interruption, du commencement du 16e siècle à 1630, dans la charge du gouverneur de la Comté, à savoir : Claude Ier, François, Claude II et Clériadus. Le château de Gray était leur résidence habituelle. (*Hist. de la ville de Gray*, par MM. GATIN et BESSON, p. 129 et 130).

présence du gouverneur de la Franche-Comté, attesta sous la foi du serment, tête nue, les mains jointes et les genoux en terre, que le seigneur de Grandvelle serait à l'avenir bon et loyal vassal de Sa Majesté et lui rendrait les services requis selon la nature et les qualités dudit fief (1). »

Ce que faisaient les rois vis-à-vis de leurs vassaux, les seigneurs le faisaient vis-à-vis de leurs tenanciers. C'est ainsi qu'en 1593 le comte de Cantecroix sollicita du pouvoir royal un mandement à terrier, qui lui fut octroyé le 1er novembre de la même année (2).

Sous l'administration de François Perrenot, comme du temps de son aïeule, les comptes de gestion étaient régulièrement portés à Besançon, par le receveur de la terre, au cours de la saison hivernale. Trois d'entre eux, rédigés en 1583, 1596, 1599, sont arrivés jusqu'à nous (3). Dans ces comptes, mêmes recettes et mêmes dépenses que dans ceux des années précédentes ; mais, seul détail à noter, les tenanciers de l'époque y sont nominalement désignés. Ils sont au nombre de soixante-huit. Leurs familles sont éteintes aujourd'hui ou résident dans d'autres localités.

François Perrenot mourut à Prague au mois de septembre 1606 sans laisser d'enfants légitimes. Il avait testé à Besançon le 21 mai 1604. Son testament (4), publié à Besançon le 14 janvier 1607, a un intérêt particulier d'abord comme indication des volontés qui y sont contenues, ensuite comme révélation de l'existence des enfants naturels du défunt. Le testateur fait choix pour sa sépulture de la chapelle des carmes déchaussés de Besançon ; institue plusieurs legs pieux ; distribue des largesses à ses gens de service ; puis donne trente mille couronnes (5) à ses deux enfants naturels

(1) Acte de foi et hommage. — Arch. pers.
(2) Arch. pers.
(3) Ibid.
(4) Arch. préf. de la Haute-Saône, S. B. 4675, texte latin.
(5) Ancienne monnaie de France frappée sous le règne de Philippe de Valois.

« Jean-Antoine et Valentin Perrenot de Grandvelle, citoyens de Besançon ; » enfin dispose de l'universalité de sa fortune, dans laquelle se trouve Grandvelle, en faveur « de son neveu bien-aimé François-Thomas d'Oiselay, fils de sa sœur Péronne et d'Antoine d'Oiselay, seigneur de la Villeneuve, chevalier d'honneur au parlement de Dôle et gouverneur de cette ville. » De plus, prévoyant la possibilité du décès de son légataire universel et, par suite, la caducité de ses dispositions, il énumère les personnes qui devront, à défaut les unes des autres, bénéficier de sa succession. Ce sont d'abord « ses deux enfants naturels, par ordre de primogéniture ; puis, à leur défaut, l'auguste et invincible Rodolphe II, empereur des Romains ; à son défaut, le fils aîné de sa cousine Hélène Perrenot de Granvelle (1), épouse du comte Philibert-Emmanuel de La Baume Saint-Amour ; et, au défaut de ce légataire, les représentants des familles d'Achez et de Thoraise. »

Aux termes du testament, la terre de Grandvelle devait donc passer à François-Thomas d'Oiselay ; mais, en fait, à la suite de revendications soulevées par les La Baume Saint-Amour, autres collatéraux du défunt, et après arrangement souscrit entre les parties, elle demeura aux mains des La Baume, ainsi qu'il sera expliqué bientôt.

Avant de quitter la descendance directe de Nicolas Perrenot, acquéreur de la terre de Grandvelle, il est intéressant de préciser quels sont ceux de cette maison qui ont porté le nom de cette seigneurie. En compulsant les actes du temps, l'on se convainc facilement, comme je l'ai indiqué plus haut, que Nicolas Perrenot, dès son acquisition et jusqu'à sa mort, c'est-à-dire de 1527 à 1550, s'est appelé sans interruption : Perrenot de Granvelle.

Dans la génération qui suivit, un seul des fils de Nicolas

(1) Hélène Perrenot de Granvelle était l'unique enfant de Frédéric Perrenot de Granvelle, comte de Champagney, et de la comtesse de Berckeim. (Voir plus haut, page 17.)

Perrenot de Granvelle porta le nom de cette terre ; ce fut Antoine, le cardinal, celui de tous cependant qui avait le moins de raisons de le porter, puisqu'étant dans les ordres il ne devait pas avoir de postérité pour le continuer, celui de tous qui résida le plus rarement en Franche-Comté, celui enfin qui avait les plus faibles attaches avec le sol comtois. Il est vrai qu'il était l'aîné de ses frères et le plus illustre de tous. Quelle qu'en soit du reste la raison, les contemporains, comme la postérité, ne le désignent que sous le nom de cardinal de Granvelle. Ses frères prirent le nom de seigneuries diverses. Thomas, le puîné, celui pour lequel la terre de Grandvelle avait été érigée en baronnie et qui devait ce semble s'identifier avec elle, s'appelait d'habitude ou comte de Chantonnay, ou comte de Cantecroix. Frédéric, le cadet de la famille, signait comte de Champagney.

Dans la deuxième génération, le cardinal de Granvelle étant mort (1586), aucune postérité ne devant lui survivre, et Frédéric comte de Champagney n'ayant laissé qu'une fille, François, seul fils de Thomas comte de Chantonnay et de Cantecroix, continua la tige masculine des Perrenot ; mais, comme son père, ne porta généralement que les titres de Chantonnay et de Cantecroix. Il est communément désigné sous le nom de deuxième comte de Cantecroix. S'il prend parfois le nom de sa seigneurie de Grandvelle, il ne le fait que rarement, comme je l'ai déjà signalé.

Mais ce ne sont là que des nuances. L'histoire a négligé ces particularités et attribue à tous les membres de cette famille une même appellation ; elle les nomme les Granvelle et entoure ce nom d'une auréole ; elle le signale et le célèbre en Europe, spécialement à Madrid, à Bruxelles, à Paris, à Rome, à Naples, car, suivant l'expression d'un de nos annalistes comtois (1), les Granvelle étaient devenus cosmopo-

(1) M. Pingaud dans son travail : *A propos de la statue de Granvelle*, recueil de l'académie de Besançon, année 1897.

lites ; elle l'honore en Franche-Comté, à Ornans, où l'église paroissiale possède le tombeau de Pierre Perrenot et de sa femme Etiennette Philibert, première souche de la race ; à Besançon, où les rues et les places de la ville montrent avec orgueil le palais bâti par le chancelier Nicolas Perrenot de Granvelle et la statue du cardinal Antoine de Granvelle, où les musées contiennent les portraits de plusieurs membres de cette famille et la bibliothèque municipale, nombre de leurs écrits. Le village de Grandvelle lui-même ne saurait l'oublier. Chaque sillon y porte quelque trace de l'administration d'un Granvelle, et le hameau du Perrenot, qui en dépend, rapporte au chancelier (1) Perrenot de Granvelle son origine et son vocable. Comme on le voit, peu de noms de familles ont acquis en si peu de temps et ont gardé dans la suite une telle notoriété.

Toutefois ce nom, en tant que propriété de la descendance directe et légitime de Nicolas Perrenot, s'éteignit assez vite. Il ne fut plus porté, habituellement du moins, dès les dernières années du seizième siècle. Si, après cette date, il reste encore dans l'usage en Franche-Comté, on a vu qu'il n'est plus que la propriété d'une branche bâtarde des Granvelle. Cette lignée de second ordre, nous la retrouverons et la suivrons au cours de notre étude.

(1) On remarquera que, dans ce travail, Nicolas Perrenot est qualifié de chancelier. En lui donnant cette qualification nous nous sommes conformé à l'usage, et nous avons suivi la plupart des historiens et des annalistes qui se sont occupés de ce personnage. Mais il ne porta officiellement que le titre de garde des sceaux et de premier ministre, tout en remplissant réellement les fonctions de chancelier. Quant au titre lui-même il avait été supprimé à la mort de Gatinara.

IV

1606-1707

François Perrenot venait de mourir sans enfants légitimes (1606). On se rappelle qu'il avait laissé, par acte de dernières volontés, à son neveu François-Thomas d'Oiselay de **La Villeneuve**, avec charge de relever le nom des Perrenot, toute sa fortune et en particulier ce groupe de biens qui avait été constitué en fidéicommis au profit des mâles de sa famille et, à leur défaut, au profit des femmes. Grandvelle faisait partie de ce groupe. Or, dès l'ouverture du testament, opposition fut faite à l'acte par Hélène Perrenot, épouse de Philibert-Emmanuel de La Baume-Saint-Amour, et cousine germaine du défunt.

Les prétentions rivales se donnaient libre carrière. François-Thomas d'Oiselay, pour revendiquer l'ensemble de la fortune, invoquait le texte du testament qui le faisait légataire universel de son oncle ; et, pour prétendre aux biens du fidéicommis, soutenait qu'étant fils de Péronne Perrenot, il se rattachait par les femmes à Thomas Perrenot, précédemment propriétaire de ces biens, et par lui au chancelier Perrenot, instituteur et auteur dudit fidéicommis. De son côté, Hélène Perrenot, sans élever de prétentions sur la totalité des biens, visait spécialement ceux du fidéicommis et soutenait qu'ils devaient lui revenir par ce motif que la descendance masculine du chancelier Perrenot s'étant éteinte avec François-Perrenot et les biens du fidéicommis devant, en ce cas, passer aux femmes, elle seule pouvait les revendiquer à titre de dernière survivante des petites-filles du chancelier Perrenot.

Un procès était imminent : de part et d'autre on en prépara

les pièces. C'est à cette occasion que fut rédigé un volumineux
et scrupuleux inventaire des richesses de la famille Perrenot
de Granvelle (1607), qui est un des documents les plus utiles
à l'histoire de cette famille. Un exemplaire de cet inventaire
est en ma possession ; mais des copies connues et des extraits
déjà publiés enlèvent à la pièce le caractère et la saveur de
l'inédit. Je me dispenserai donc d'entrer ici dans plus de
détails sur ce document (1).

Le procès n'eut pas lieu. Une transaction intervint. Elle
fut signée par les parties le 9 décembre 1608 (2). Cette
transaction faisait deux parts des biens du défunt. Une part,
la plus importante, était attribuée à François-Thomas
d'Oiselay, à la condition pourtant que les biens la constituant
seraient affectés de fidéicommis et qu'à l'extinction des
d'Oiselay-Villeneuve, branche cadette des d'Oiselay, ils
retourneraient avec leurs droits et privilèges à Hélène
Perrenot ou à ses représentants. L'autre part, comprenant
notamment une maison à Besançon et la terre de Grandvelle,
était réservée à Hélène Perrenot, comtesse de La Baume-
Saint-Amour. Ainsi la terre de Grandvelle, quoiqu'elle ait
été destinée aux d'Oiselay, arriva de fait aux La Baume-
Saint-Amour. Elle leur resta pendant un siècle.

C'étaient de grands seigneurs, nobles de noms et d'armes,
que ces d'Oiselay et ces La Baume. Comme on le voit, si les
fils du chancelier Perrenot avaient d'emblée et de primesaut

(1) Arch. pers. — L'exemplaire que je possède (in-folio de 223 pages, texte
français) porte pour titre : *Inventaire général des biens de la maison de
Granvelle.* Il fut commencé le 3 novembre 1607. Ses opérations continuèrent
jusqu'au 31 mars 1609. Mais sa clôture officielle et solennelle ne fut prononcée
que le 20 décembre 1622.

En 1862, cette pièce fut communiquée par ma famille à M. Weiss. Celui-ci,
heureux de trouver ce document et désireux de faire profiter de son contenu la
bibliothèque de Besançon, demanda et obtint la permission d'en prendre une copie.
Cette copie figure aujourd'hui parmi les manuscrits de la ville.

(2) Une copie authentique en est aux archives du royaume de Belgique.

occupé les plus hautes charges de l'Etat, ses filles, et plus encore ses petites-filles, s'étaient alliées aux premières familles de la province. Les d'Oiselay-Villeneuve possédaient de grands biens, de nombreux châteaux, parmi lesquels celui de Frasne où ils faisaient leur résidence habituelle, et avaient dès la mort de François Perrenot relevé le nom et les armes des Granvelle (1). Les La Baume-Saint-Amour, ainsi appelés du nom de leur fief de Saint-Amour (2) et pour se distinguer des La Baume-Montrevel, n'étaient pas moins riches et puissants que les d'Oiselay. Les uns et les autres se glorifiaient de leur noblesse d'épée et, en épousant les petites-filles du chancelier Perrenot, donnaient un relief de race à une famille que trois générations à peine séparaient du bourgeois d'Ornans qui lui avait donné naissance.

Mais laissons, pour le moment du moins, les d'Oiselay ; notre sujet nous fixe aux La Baume.

Philibert-Emmanuel de La Baume, mari d'Hélène Perrenot et, par elle, nouveau propriétaire de Grandvelle, était né à Saint-Amour le 6 juillet 1577, avait épousé sa femme le 6 juillet 1599 et, par cette alliance, avait réuni à ses nombreux domaines ceux plus considérables peut-être que possédait sa femme soit en Franche-Comté soit en Flandre.

Pendant leurs séjours en Franche-Comté, ces époux résidaient tantôt dans leur château de Saint-Amour, tantôt dans leur maison bisontine (3). C'est depuis Besançon qu'ils

(1) Voir DUNOD, *Nobiliaire, art. Oiselay.*

(2) Les La Baume tiraient leur nom du château de La Baume-sur-Cerdon, en Bugey. Une des branches de cette famille se fixa en Franche-Comté lors de l'acquisition qu'elle y fit de la terre de Saint-Amour (1548). Cette branche porta dès lors le nom de La Baume-Saint-Amour. (Voir pour plus de détails sur cette maison : DUNOD, *Histoire du Comté,* II, p. 235 et suiv. ; CORNEILLE SAINT-MARC, *Tablettes de Saint-Amour ;* ROUSSET, *Dict. des communes du Jura.*)

(3) La demeure des La Baume-Saint-Amour à Besançon était située rue des Granges, à côté de la chapelle des dames Bernardines. Elle était assez longue mais peu élevée et de mince apparence. Elle disparut lors de l'ouverture de la rue

s'occupaient des affaires de Grandvelle. Leur administration ne révèle aucun acte important. A noter toutefois le fait suivant : le 18 juin 1618 et en vertu d'un traité passé entre la dame châtelaine et ses mainmortables (1), il fut convenu que les tailles ne seraient plus payées directement au propriétaire par les habitants, mais bien aux échevins et aux prudhommes qui furent dès lors chargés de recueillir le montant de l'impôt et de le faire passer à qui de droit. Les échéances des termes furent maintenues aux dates consacrées par l'usage, c'est-à-dire aux fêtes de l'Annonciation de Notre-Dame et de Saint-Michel Archange (25 mars et 29 septembre).

Il y a lieu de croire que Philibert de La Baume songea à réédifier l'ancien château de Grandvelle. On peut l'inférer d'un acte passé, le 17 juin 1617, entre la comtesse de Saint-Amour et les habitants. Ce projet ne reçut aucune exécution. J'en ai cherché vainement la cause. Peut-être se trouve-t-elle simplement dans le fait de la mort du comte, arrivée peu d'années après (1622). Certains annalistes, mais je n'ai pu vérifier le fait (2), font mourir Philibert-Emmanuel de La Baume à Baudoncourt, près de Luxeuil, au retour du siège de Haguenau, où il avait servi avec grande distinction. D'après eux encore, le défunt aurait été ramené à Saint-Amour pour y être inhumé (3).

Jacques-Nicolas de La Baume, fils aîné du défunt, recueillit Grandvelle dans l'héritage paternel. Il était né à Saint-Amour le 16 janvier 1603 (4) et avait épousé, étant fort jeune

Morand. En arrière, se développait un des plus vastes jardins de la ville. C'est sur son emplacement qu'a été construit le quartier Saint-Amour. (GUÉNARD, *Description des monuments de Besançon.*)

(1) Arch. pers.

(2) Les registres paroissiaux de Saint-Sauveur, d'où dépendait Baudoncourt, ne remontent pas jusqu'à 1622.

(3) La veuve de Philibert-Emmanuel de La Baume ne survécut que cinq ans à son mari. Elle mourut à Besançon en 1627. (CORNEILLE SAINT-MARC, *Tablettes de Saint-Amour*, p. 64.)

(4) ROUSSET, *loc. cit.*

encore, une lorraine de grande valeur : Marie des Porcelet. Il semble avoir peu vécu dans l'intimité du foyer domestique, entraîné qu'il était loin de son pays par les commandements militaires dont il était chargé, ou par les expéditions auxquelles il prenait part. Nous le trouvons, en effet, pendant la guerre de dix ans, à la tête d'un régiment de Flandre ; à la bataille de Lens (1648), commandant l'infanterie espagnole, y étant blessé et fait prisonnier ; puis subissant une captivité qui dura six années. Aussi, tandis que le mari commandait ou guerroyait au loin, c'était sa femme qui, restée en Franche-Comté, administrait les biens. Elle en avait, du reste, le goût et les capacités ; elle avait, en plusieurs circonstances, fait preuve d'intelligence et de caractère, et, en certains jours, même de courage. Lors du siège de Saint-Amour, en 1637, elle avait été, en l'absence de son mari, l'âme de la défense et la providence des assiégés (1).

Sous son active et intelligente administration, des modifications importantes furent apportées à l'exploitation de la terre de Grandvelle. L'universalité du domaine cessa d'être cultivée par les mainmortables. Ceux-ci reçurent du seigneur une indemnité correspondante à la valeur de la cession qui leur était imposée et les fonds de terre furent dès lors loués à des fermiers. Nous avons plusieurs baux de cette époque (2). Pour n'en citer qu'un, le premier en date (24 juin 1633) est consenti au profit de deux habitants du Perrenot « honorables Nicolas et Pierre Garnier ». Le canon du bail est fixé à 1,300 fr. avec charge par lesdits fermiers d'acquitter les gages et traitements des officiers de la seigneurerie. Le propriétaire s'y réserve la moitié des lods, des retenues, des échûtes et des épaves communes ainsi que le

(1) CORNEILLE SAINT-MARC, *Tablettes de Saint-Amour.*
(2) Arch. pers.

droit exclusif de nommer et de destituer les officiers de la seigneurie. Le propriétaire est représenté à l'acte par « noble Jean Nardin, co-gouverneur de Besançon, et par noble Guyon Thierry, sergent-major dè la garnison de ladite ville ».

Pendant que les La Baume administraient ainsi leur terre de Grandvelle, la famille d'Oiselay s'éteignait dans la personne de Léopold-Eugène Perrenot de Granvelle dit d'Oiselay, mort sans enfants le 6 février 1637 (1). Le cas où les sires d'Oiselay s'éteindraient avait été prévu dans ses conséquences vis-à-vis des La Baume, par la transaction passée, en 1608, entre les représentants de ces deux familles. Aussi, se fondant sur cet acte, Jacques-Nicolas de La Baume, dès la nouvelle de la mort de son cousin d'Oiselay, releva-t-il le nom et les armes des Perrenot, que, du reste, les d'Oiselay avaient déjà relevés autrefois, et demanda-t-il à être envoyé en possession de la part des biens que le défunt détenait du chef de la transaction mentionnée.

Cette part était encore considérable et faite pour exciter les convoitises. Aussi, malgré le bien fondé des La Baume et la clause formelle de la transaction de 1608, la veuve du défunt éleva des prétentions sur elle. Cette veuve était la belle et fameuse Béatrix de Cusance (2). Elle invoquait l'existence

---

(1) Léopold-Eugène Perrenot de Granvelle dit d'Oiselay était né à Besançon, sur la paroisse de Saint-Maurice, le 10 février 1614. Il était fils de François-Thomas Perrenot de Granvelle dit d'Oiselay, d'abord comte, puis prince de Cantecroix, et de Caroline d'Autriche, fille naturelle de l'empereur Rodolphe II. Il avait eu pour parrain le prince Léopold d'Autriche, représenté au baptême par le marquis de Varambon, et pour marraine l'infante Isabelle-Claire-Eugénie, gouvernante des Pays-Bas, représentée par N. de Bauffremont. (Registre de catholicité de la paroisse de Saint-Maurice.) L'acte d'inhumation du personnage ne se trouve pas aux registres de catholicité de la paroisse de Saint-Maurice mais tous les annalistes fixent le lieu de sa mort à Besançon et la date de son décès au 6 février 1637.

(2) Voir pour détails sur Béatrix de Cusance le travail de M. Gauthier, intitulé : *Le portrait de Béatrix de Cusance au musée du Louvre.* Académie de Besançon, année 1897.

d'un fils qu'elle aurait eu de son mariage avec Léopold d'Oiselay, fils qui, légalement, devait recueillir la succession de son père. Mais, de plus, en sa qualité de veuve du défunt, elle prétendait avoir droit au moins à la jouissance de la totalité de la fortune laissée par lui. Les La Baume soutenaient que ce fils invoqué était un fils supposé et que, quant à la jouissance des biens, à défaut de tout acte, elle ne pouvait se préjuger. Un procès curieux (1) s'engagea. Il durait depuis plusieurs années lorsque le fils au nom duquel il se poursuivait vint à mourir. Sa mère pourtant ne désarma pas et ce ne fut que sa mort, survenue en 1662, qui mit un terme à ses revendications. Mais revenons à Grandvelle.

Pendant les nombreuses absences et surtout pendant la longue captivité de Jacques-Nicolas de La Baume, la comtesse de Saint-Amour, Marie des Porcelet, continuait à gérer les domaines ; et, pour le faire, elle agissait en vertu d'une procuration générale de son mari. C'est ainsi qu'en 1651 elle donna en ascencement perpétuel le moulin de Grandvelle à un sieur Mathieu Glorget, de Montboillon. Le montant de la rente fut fixé à vingt mesures de froment par an pendant les vingt premières années et à quarante mesures pour le reste du temps de la jouissance (2). C'est encore la comtesse de Saint-Amour qui intervint personnellement, le 21 mai 1656, dans la vente d'une maison et d'une parcelle de terre faisant partie du domaine. L'acte fut passé par devant maître Grevillot, notaire à Besançon ; et le prix fut arrêté à quatre pistoles d'or qui furent payées comptant (3).

Jacques-Nicolas de La Baume, sorti depuis peu de captivité, mourut le 18 août 1658 (4), laissant à son fils aîné Charles-

(1) GACHARD, *loc. cit.*, relate ce procès dans tous ses détails.
(2) Arch. pers.
(3) Ibid.
(4) GACHARD, *loc. cit.* — Le lieu de la mort de Jacques de La Baume a été vainement cherché. Toutefois on lit dans les *Tablettes de Saint-Amour* que, le

François tous les droits qu'il avait aux biens de la branche cadette des d'Oiselay et sa fortune personnelle dans laquelle était la terre de Grandvelle.

Charles-François de La Baume, né à Besançon le 31 septembre 1632 (1), avait suivi d'abord la carrière des armes et, fort jeune, était devenu colonel du régiment de Bourgogne. Mais pour quelques mécontentements, dit Dunod (2), il quitta le service et ne s'y rengagea plus. Du reste, pour occuper sa vie, il eut eu assez de la gestion de ses biens. Sa fortune venait de s'accroître encore. La mort de Béatrix de Cusance (1662) lui laissait enfin la pleine possession des domaines de la branche cadette des d'Oiselay (3) et en particulier faisait cesser toute contestation au sujet de la propriété de Grandvelle. A ces domaines il ajouta bientôt ceux de la branche aînée des Oiselay, si bien qu'il réunit sur sa tête, outre ceux de plusieurs familles alliées, tous ceux des Perrenot, et fut ainsi l'un des plus riches seigneurs de son temps.

Quant à Granvelle, ses revenus semblent diminuer sous la direction de son nouveau seigneur. Le bail consenti le 19 avril 1661 par son intendant Jean Bouvret au profit de

13 octobre 1658, le conseil de ville de Saint-Amour envoya Claude Don, son premier échevin, « auprès de la comtesse de Saint-Amour pour la condouloir sur la mort de son époux ».

(1) Carolus Franciscus filius illustris D' D' Jacobi Nicolai de La Baume, comitis de Saint-Amour, et Dⁿᵃᵉ Dⁿᵃᵉ Mariae Annae des Porceletz ejus uxoris, baptizatus fuit 31 septembris anno Dⁱ millesimo sexcentesimo trigesimo secundo cujus susceptores fuerunt illustris Dⁿᵘˢ Franciscus d'Oiselay eques et consiliarius parlamenti dolani et Dᵃ Dᵃ Carolina ab Austria. (Extrait des registres de catholicité de la paroisse de Saint-Jean-Baptiste de Besançon.)

(2) *Loc. cit.*

(3) Dès 1662, Charles-François de La Baume eut la pleine jouissance du palais Granvelle, mais il ne l'occupa point. A cette époque, du reste, il n'avait plus son château de Saint-Amour, lequel avait été démantelé en 1637, puis, sur les ordres de Louis XIV, complètement détruit au lendemain de la conquête. La résidence des La Baume, pendant leur séjour en Franche-Comté, était donc alors leur modeste installation de la rue des Granges.

Claude et de Jacques Compain, habitants du lieu, n'est plus que de 1,100 fr., tandis qu'il était de 1,300 fr. en 1633. Les droits seigneuriaux afférant à la terre, selon la reconnaissance qu'en firent les habitants, sont encore tels que nous les avons détaillés plus haut. Mais leur importance va décroître par la distraction des cens situés sur le village de Mailley, distraction qui sera faite au profit de M. Terrier de Mailleroncourt. Quant aux tailles, elles produisent encore à cette époque, comme elles faisaient du reste autrefois, un revenu de 40 fr. environ. A noter en passant que, pour l'exercice de 1683, les collecteurs s'appellent : « Nicolas Latartre, honorables Hugues-François Blanchot et Nicolas Chaumonnot, dudit Grandvelle. » Ces deux derniers noms sont encore représentés aujourd'hui à Grandvelle (1).

C'est au cours de l'administration de Charles-François de La Baume que s'établit, sur le territoire de Grandvelle, une forge qui y eut quelque succès (2) et une durée de 155 ans. Tout le monde sait que, au lendemain de la conquête de la Franche-Comté par Louis XIV, notre exploitation métallurgique reçut une puissante impulsion du souverain. L'on put dire avec raison qu'alors la principale industrie franc-comtoise était celle du fer. Partout, en effet, où la production forestière et les gisements miniers se rencontraient, on établissait une forge. Grandvelle eut la sienne en 1676. Elle fut édifiée dans le voisinage des ruines de l'ancien château par Hugues Billard, de Salins, seigneur de Raze (3). Elle passa en différentes mains sans cesser toutefois de dépendre de la totale justice du seigneur local. Celui-ci prélevait même sur elle un cens annuel de vingt mesures de blé; et, à

(1) La famille Blanchot résidait antérieurement à Maizières, car, en 1557, elle y recevait, à titre d'ascencement, de Nicole Bonvalot diverses parcelles de terre.

(2) En 1757, la forge de Grandvelle produisit du fer pour une valeur de 150,000 fr.

(3) Village peu éloigné de Grandvelle.

l'occasion, il sut exercer sur l'immeuble son 'droit de retrait lignéager (1).

Hâtons-nous de dire que, en fait, Charles-François de La Baume n'accordait à Grandvelle que des regards bien distraits ; ses préoccupations étaient ailleurs. Ambitieux, il avait rêvé, dans sa jeunesse, de succéder à son oncle le marquis de Yenne dans le gouvernement de la Franche-Comté et, pour y réussir, avait, par démarches et argent, tour à tour flatté les intérêts de l'Espagne et de la France. Léger et frivole, il avait mené une vie de plaisirs faciles et d'attaches irrégulières. C'en était assez pour que ses revenus, quelque considérables qu'ils aient été, n'aient pu suffire à ses dépenses. Aussi dut-il recourir à des aliénations de biens. Pour ne parler que de celles qui ont directement trait à notre sujet (2), Grandvelle, le Perrenot, Maizières furent, d'un seul coup, vendus par lui. La date de la vente est le 9 novembre 1707, le prix 40,000 fr. et le nom de l'acquéreur : Philippe Brun, avocat à Besançon (3).

Arrivé à l'extrême vieillesse et voulant tout à la fois réparer une vie de désordre et légitimer un enfant naturel, il épousa, le 24 avril 1713, dans l'église de Pérex, diocèse de Lyon (4), Marie-Anne de Pont, de laquelle il avait eu ce fils ; et enfin mourut le 12 août suivant, à l'âge de 81 ans (5). Il laissait une succession troublée et un fils naturel légitimé pour la recueillir.

(1) Arch. pers. — Le seigneur de Grandvelle exerça, en 1717, sur une partie de l'usine son droit de retrait lignéager.

(2) Charles-François de La Baume vendit aussi le palais Granvelle. La ville de Besançon, qui en était locataire depuis 1676, l'acheta par acte du 14 août 1712.

(3) Arch. préf. du Doubs, B. 654. — L'acte fut passé à Besançon, en l'étude de Me Antoine Chalon, notaire.

(4) L'acte de mariage, qui contient la reconnaissance du fils naturel, fut relevé des registres de l'église de Pérex et transcrit le 16 mai 1713 sur ceux de l'église Saint-Pierre de Besançon.

(5) Il décéda à Besançon, sur la paroisse Saint-Pierre, et fut inhumé dans la chapelle des carmes chaussés de cette ville.

Ce fils porte les noms de Jacques-Philippe de La Baume-Saint-Amour. J'ignore la date et le lieu de sa naissance, mais, en novembre 1707, il est capitaine de cavalerie. C'est sous cette qualification qu'il est, à cette date, légitimé par le roi. L'année suivante (juin 1708), il reçoit des lettres de noblesse ; mais ces actes de légitimation et d'anoblissement deviennent inutiles et sont rapportés le 23 juin 1713, le mariage des parents ayant régularisé la situation du fils (1).

L'un des premiers soins de Jacques-Philippe de La Baume, après la mort de son père, fut de réparer les brèches faites à la fortune patrimoniale. Pour cela, il tenta de faire annuler la vente des trois seigneuries de Grandvelle, du Perrenot et de Maizières. Il invoqua la coutume du retrait lignéager et prétendit que les terres que son père avait aliénées étaient frappées d'une substitution à son profit. On plaida à Besançon, puis à Grenoble en vertu d'un droit d évocation mis en mouvement par le comte de Saint-Amour. Les débats duraient depuis un certain nombre d'années, lorsque les parties se concilièrent. Réunion eut lieu en l'étude de Me Chalon, à Besançon, et là il fut convenu que les choses resteraient en l'état, c'est-à-dire que le contrat de 1707 recevrait son entière exécution (2).

Jacques-Philippe de La Baume dut donc abandonner tout espoir de recouvrer la terre de Grandvelle. Il en possédait, du reste, encore assez d'autres pour lui permettre de tenir son rang de grand seigneur. Il devint maître de camp et, vers 1720, épousa Marie-Claude Guillard, fille de Jean-Baptiste, seigneur d'Auxi et proche parent du chancelier Voisin, mais n'eut pas de postérité (3). Il mourut dans son château de Chantonnay, le 26 novembre 1761 (4), laissant à son cousin,

(1) Arch. préf. du Doubs, B. 654.
(2) Arch. pers.
(3) Voir Dunod, *loc. cit.*, et aussi Moreri, *Diction. histor.*
(4) Registres de catholicité de Chantonnay, canton de Gray (Haute-Saône).

le marquis de Choiseul-La Baume, seigneur de Pesmes (1), la totalité de ses biens. La terre de Grandvelle n'en faisait plus partie. Elle était sortie pour toujours de cette famille dont les membres se l'étaient tantôt transmise, tantôt disputée, toujours comme un fief ou un apanage familial, et que le chancelier Perrenot avait cru, par substitution et fideicommis, pouvoir rendre à jamais inaliénable.

En terminant la période que nous venons de parcourir, de 1606 à 1707, nous nous demanderons par qui et comment a été porté le nom de Granvelle au cours de cette période. On se souvient qu'il fut, en 1606, après la mort de François Perrenot de Granvelle, relevé officiellement par les sires d'Oiselay-La Villeneuve, et à l'extinction de ces derniers (1637), relevé de même par les La Baume-Saint-Amour. Toutefois, ces grands seigneurs, pourvus de nombreuses seigneuries, se contentèrent de l'accoler en certaines circonstances solennelles et officielles, à ceux de leurs autres terres, et aucun d'eux ne le prit ni habituellement ni exclusivement dans le commerce ordinaire de la vie.

Mais tandis que les d'Oiselay et les La Baume, assez connus par leur nom traditionnel, apportaient une certaine indifférence dans la question de leurs noms terriens, et négligeaient dans la pratique de prendre le nom de Granvelle, ce dernier était porté exclusivement, dans les actes officiels et dans le commerce habituel, par d'autres personnalités qu'il convient de faire connaître ici.

François Perrenot de Granvelle, deuxième comte de Cantecroix, avait, comme on l'a vu, laissé en mourant (1606) deux fils naturels : Jean-Antoine et Valentin, tous deux du reste légitimés par décision souveraine (1612) (2). Ce sont eux qui, à la fin du 16e et pendant tout le 17e siècle, portèrent

_____

(1) La famille de Choiseul-La Baume est actuellement représentée dans notre province, en ligne féminine, par M. le duc de Marmier.

(2) Arch. préf. du Doubs, inventaire II, B. 581, p. 31.

habituellement le nom de Granvelle. Jean-Antoine avait pour mère une espagnole, Catherine Ivarès de Mandosa, et Valentin une française, N. de Charbonnières (1). A la mort de leur père, ils avaient bénéficié de legs importants (2). Le cadet, Valentin, se fit capucin et mourut dans un couvent de son ordre ; l'aîné, Jean-Antoine, épousa d'abord Françoise du Tartre, puis, en secondes noces, Adrienne de Hautbois. On croit qu'il fut assassiné par ses beaux-frères. Au moment de sa mort (1624), il avait son principal établissement à Rigney, alors du bailliage de Vesoul. Aussi est-ce à Vesoul que, le 12 août de la même année, fut publié son testament, lequel est daté du 8 juin précédent (3). Il laissait un fils du nom de Claude-François.

Claude-François Perrenot de Granvelle, né à Besançon, sur la paroisse Saint-Maurice, le 20 décembre 1616 (4), du mariage de son père avec Françoise du Tartre, épousa, dans son église baptismale, le 19 mars 1653, Anne-Marie de Mongenet (5), d'une vieille famille vésulienne très connue en Franche-Comté. Il habita d'abord Besançon ; puis, étant devenu seigneur de Verchamp, il résida dans cette terre pendant un certain nombre d'années. Il dut mourir vers 1677. Sa veuve se remaria. Elle épousa M. de Verguigneule, mourut à Besançon le 15 février 1712 (6), âgée de quatre-vingt et quelques années et fut inhumée dans sa terre de Verchamp. Claude-François, dans tout le cours de sa vie, porta, comme du reste l'avait fait son père, exclusivement le nom de Granvelle.

(1) Dunod et dom Lévêque, *Mémoires pour servir à l'histoire du cardinal de Granvelle*, passim.

(2) Testament de François Perrenot de Granvelle. — Arch. préf. de la Haute-Saône, B. reg. 4175, fol. 118 verso.

(3) Arch. préf. de la Haute-Saône, B. 6692.

(4) Reg. de catholicité de la paroisse Saint-Maurice.

(5) Ibid.

(6) Ibid.

Les époux de Granvelle-Mongenet eurent au moins deux fils et une fille. Je crois que les deux fils moururent en bas âge et sans laisser de postérité, mais je ne saurais apporter sur ce point de certitude absolue. Quant à la fille, elle devint adulte, s'appelait Isabelle et résidait à Vesoul dans les dernières années du 17e siècle. A cet époque, elle épousa messire François de La Tour, lieutenant-colonel dans les armées de Louis XIV. Ainsi s'éteignit, pour un temps du moins, le nom familial de Grandvelle.

V

1707-1768

Les seigneuries de Maizières, du Perrenot et de Grandvelle, unies par leur rapprochement territorial, par leur origine et même par leur dernier acte de vente, passaient toutes trois, pour la première fois depuis le début du 16e siècle, aux mains d'un étranger. Si leur paisible possession par cet acheteur avait d'abord et même pendant plusieurs années été contestée par le fils du vendeur, elle fut bientôt légalement reconnue. Cela nous permet de reporter à 1707 la réelle mutation de ces domaines.

Leur nouveau propriétaire, Philippe Brun, né à Besançon le 25 mars 1683, était fils de Amédée-Philippe Brun, avocat et futur général des monnaies au comté de Bourgogne (1), et de Agathe Vieille, d'une famille de Besançon. C'est dans cette ville qu'il épousa, en 1706, Anne Clerc, et qu'il remplit d'abord les charges d'avocat (1707) et de secrétaire du roi au parlement (1708).

Son premier acte de propriétaire fut de déposer à la Cour des comptes le dénombrement de ses nouvelles seigneuries. L'acte de tradition, qui est du 2 novembre 1708 (2), est à noter comme date et comme exemple de procédure, mais ne présente d'ailleurs qu'un intérêt secondaire ; les droits et redevances qu'il relate étant les mêmes que ceux qui avaient été précédemment reconnus et que nous avons mentionnés plus haut.

---

(1) La famille Brun était originaire de Moirans (Jura). Elle avait, au cours du 17e siècle, résidé à Dôle ; puis, vers la fin du même siècle, s'était fixée à Besançon par l'alliance de Philippe Brun, avec Agathe Vieille, de cette ville.

(2) Arch. pers.

4

Philippe Brun, désirant tirer profit de son acquisition au point de vue nobiliaire, pensa devoir prendre comme nom terrien celui d'une de ses nouvelles terres. Celui du Perrenot put lui paraître plutôt un nom de famille qu'un nom de terre ; celui de Grandvelle, outre que l'éclat dont il avait été entouré devait sembler à un nouveau titulaire un peu lourd à soutenir, était encore porté à la date de 1707, soit légalement par le dernier des La Baume, soit en fait par la dernière représentante de la branche bâtarde des Perrenot. Quoi qu'il en soit, ce fut le nom de Maizières qui fut choisi. Du reste, cette seigneurie offrait des raisons d'être préférée : elle était la plus considérable des trois et possédait une résidence toute appropriée. Son nouveau seigneur en prit donc le nom et fit de l'habitation qu'elle contenait sa maison des champs.

Regretta-t-il dans la suite que la terre de Grandvelle n'eut pas d'habitation seigneuriale qui lui permît d'en disposer plus agréablement pour lui ou pour l'un de ses enfants ? On a lieu de le croire. Car, en 1727 ou 1737 (1), il fit édifier dans la rue principale du village de Grandvelle une maison de plaisance qui fut aussitôt appelée le château.

Toutefois, c'est toujours à Maizières qu'au milieu de ses importantes fonctions il passa ses saisons de villégiature ; c'est là aussi qu'après avoir quitté ses charges il vint prendre son repos et jouir de son honorariat de président de la Chambre des eaux et forêts au parlement de Besançon. Néanmoins, c'est à Paris, à ce que l'on croit, qu'il mourut vers 1759, après s'y être retiré dans les dernières années de sa vie. Sa femme, morte quelques années avant lui, était décédée à Maizières le 26 avril 1753.

(1) Le château bâti par Philippe Brun est encore debout. L'une des poutres de la charpente porte une date que, eu égard à la vétusté du bois, on peut hésiter à lire 1727 ou 1737. Constatation très obligeamment faite par M. Henry, professeur au collège de Gray, propriétaire du château.

Les époux Brun de Maizières laissaient après eux quatre enfants, deux filles et deux garçons. Une liquidation destinée à apportionner chacun d'eux eut lieu au mois d'août 1759 (1). Voici comment furent attribuées les terres qui nous occupent : Maizières, évalué 98,052 livres 10 sols, échut à Jeanne-Elisabeth Brun, épouse de Joseph-François-Xavier Bouverot. Le Perrenot, évalué 14,443 livres, fut attribué à Pierre-Philippe Brun, prieur de Fontaine, chanoine honoraire de Sainte-Madeleine de Besançon. Enfin Grandvelle, évalué 50,057 livres 10 sols 14 deniers, fut donné à Jeanne-Françoise, épouse de Claude Dusillet. L'ensemble de ces domaines fut ainsi divisé en trois tronçons, possédés chacun par des propriétaires différents. L'intérêt qui s'attache à eux se divise donc à son tour ; aussi ne devons-nous retenir ici que les actes se rapportant exclusivement à la terre de Grandvelle (2).

Jeanne-Françoise Brun, qui reçut Grandvelle en partage, était née à Besançon, sur la paroisse de Saint-Pierre, le 7 juin 1713, et avait épousé dans sa ville natale, le 7 octobre

---

(1) Arch. préf. du Doubs, B. 662.

(2) *Seigneurie de Maizières.* — Joseph-François-Xavier Bouverot qui, du chef de sa femme en devenait propriétaire (1759), était d'une famille noble originaire de Poligny, mais fixée alors à Besançon. Après lui, la terre passe à une de ses filles, Anne-Philippe-Scolastique, qui avait épousé Augustin-François-Xavier Alviset, écuyer. Celui-ci la transmit à son fils François-Bonnaventure Alviset, futur premier président de la Cour de Besançon, lequel la laissa à ses enfants, dont le dernier, Charles Alviset, mourut à Besançon le 3 mai 1884, après avoir disposé de sa fortune et de la terre de Maizières en faveur de MM. Philibert et Charles de Pirey. Ceux-ci vendirent le domaine de Maizières (29 mai 1890) à M. Alexis Boissaux, conseiller référendaire à la Cour des comptes, qui le possède aujourd'hui.

— *Seigneurie du Perrenot.* — Pierre-Philippe Brun de Maizières qui l'avait recueillie dans son lot (1759), la vendit, le 2 juin 1762, à Jean Lucquet de Grangebeau de Chantrans, d'une famille d'origine nivernaise depuis longtemps fixée en Franche-Comté. Celui-ci la transmit à son fils Prosper-Ferdinand qui, à son tour, la transmit à sa sœur ; et celle-ci la vendit, vers 1820, à un sieur Simon, de cette localité. La famille de ce dernier la possède encore.

1737, le conseiller maître à la Cour des comptes Claude Dusillet, dont le nom était depuis un siècle connu et estimé dans notre province (1). Dès 1759, date de leur entrée en jouissance, les nouveaux propriétaires firent de Grandvelle leur résidence de vacances. C'est là que le maître aux comptes vint se délasser de ses travaux judiciaires et goûter les charmes de la campagne. Toutefois, cet ordre de vie dura peu, car, le 17 mars 1752, Claude Dusillet fut décoré de l'honorariat et, le 25 juillet suivant, mourut à Dôle.

Il ne laissait point de postérité. Sa veuve se défit bientôt de sa seigneurie. Elle la vendit, en 1768, à Jean-François Raillard, de Vesoul.

Pendant toute la période où les deux familles Brun et Dusillet ont successivement possédé la terre de Grandvelle, le nom de cette seigneurie n'a plus été porté. D'une part, en effet, les Brun s'appellent Brun de Maizières et les Dusillet ne prennent pas de nom terrien. D'autre part, la branche bâtarde des Perrenot de Granvelle s'étant éteinte dans les dernières années du 17e siècle ou dans les premières du 18e, leur nom s'éteignit avec elle. Il était toutefois réservé à Jean-François Raillard de le relever et de le transmettre à sa descendance, comme nous l'indiquerons en son lieu.

(1) Claude Dusillet, né à Dôle le 13 mars 1700, était fils de Louis-Joseph Dusillet, doyen des auditeurs à la Chambre des comptes, et de Anne Perrenin. Il était le cousin-germain d'Anatoile Dusillet, dont la descendance était, il y a quelques années, représentée en Franche-Comté par le président Charles-Augustin Dusillet, et par sa sœur Mme la baronne Morisset. La postérité de cette dernière se continue chez les enfants de feu sa fille, Mme la vicomtesse Edouard de Froissard de Broissia (de Blandans).

VI

1768-1805

C'était un Grandvelle restreint que venait d'acquérir, en 1768, Jean-François Raillard, puisque les seigneuries de Maizières et du Perrenot en avaient été précédemment détachées.

Jean-François Raillard, né à Vesoul en 1710, de Benoît Raillard, lieutenant particulier civil au bailliage de Vesoul, et de Anne Mandray, avait épousé en 1739, dans sa ville natale, Denise Ballay. Il fit partie du barreau de Vesoul, devint maire de sa ville, puis conseiller maître à la Cour des comptes. C'est la qualification qu'il porte ainsi que le titre de seigneur de Gevigney et Mercey dans l'acte d'acquisition que j'ai sous les yeux. Cet acte fut passé à Dôle, en l'étude de Mᵉ Etienne Brunet, notaire, le 2 juillet 1768 (1).

Par cet acte, la terre, le château, de récente construction, ainsi que les meubles le garnissant sont cédés pour 46,000 livres. Toutefois, la venderesse se réserve l'usufruit de l'ensemble du domaine. Cette stipulation d'usufruit n'eut que peu de temps son effet, car, le 27 mars 1772, Mᵐᵉ Dusillet renonçait à ce privilège moyennant une rente annuelle de 2,100 livres, laquelle ayant été amortie en 1784 fut réduite alors à 250 livres qui furent régulièrement payées jusqu'au 31 mars 1812, date de la mort de l'ancienne châtelaine de Grandvelle (2).

Dès sa prise de possession, le conseiller Raillard, pour se conformer à la législation d'alors, fit enregistrer son acqui- ⸗

____

(1) Arch. préf. de la Haute-Saône, dossier des émigrés, nᵒ 152.
(2) Arch. pers.

sition à la Cour des comptes et présenta au roi le dénombrement des droits seigneuriaux de sa terre. Ces actes, qui continuent la série de mes documents (1), ne me semblent pas contenir des indications nouvelles et mériter que l'on s'y arrête davantage.

Le nouveau seigneur fut loin de jouir de sa terre en pleine tranquillité. Il eut à soutenir des procès contre le propriétaire du Perrenot, le maître de la forge de Grandvelle et ses propres fermiers. C'était à prévoir. Les conditions mêmes dans lesquelles avait été fondé le Perrenot et qui avaient déjà fait naître des difficultés entre cette communauté et celle de Grandvelle quand l'une et l'autre étaient réunies dans une même main, devaient susciter à plus forte raison des litiges depuis que le Perrenot était détaché de la seigneurerie principale.

Jean-François Raillard ne résida jamais dans sa terre. Tant qu'il appartint à la Cour des comptes il habita Dôle, où le retenait l'exercice de sa charge. Lors de la suppression de cette compagnie (1771), il revint à Vesoul. Il y continua honorablement sa vie ; plus tard y présida comme doyen d'âge la noblesse du bailliage d'Amont appelée à élire un député aux Etats-Généraux et enfin y mourut le 10 octobre 1793.

En 1779, il avait cédé, comme dot, sa seigneurie de Grandvelle à son fils Benoît-Georges qui en devint dès lors propritétaire. Benoît-Georges Raillard de Granvelle était né à Vesoul en 1746, avait été reçu avocat en 1762, avait pris place comme conseiller dans le parlement de Franche-Comté lors du renouvellement d'office de cette compagnie par le chancelier Meaupou ; entre temps était devenu mousquetaire de la maison du roi, puis conseiller au parlement de Douai. C'est comme tel qu'il avait épousé, au château d'Aubert, près

(1) Arch. pers.

de cette ville, Eugénie-Joseph de Valicourt (1), et c'est à l'occasion de ce mariage qu'il avait reçu en dot la terre de Grandvelle, dont le revenu était alors de 3,750 livres, les échûtes non comprises.

Continuant sa carrière, il devint président à mortier au parlement de Metz, intendant des droits et aides réunis, maître des requêtes de l'hôtel du roi. Mais l'exercice de ces diverses charges ne l'empêcha pas de venir plusieurs fois en Franche-Comté pour se délasser de ses travaux. Ces diverses villégiatures, il les passa avec sa femme à Grandvelle, dans le petit château qu'y avait bâti Philippe Brun. Toutefois, les années d'une paisible jouissance ne furent pas nombreuses, les jours de l'épreuve approchaient. En 1792, M. de Granvelle, alors maître des requêtes à l'hôtel du roi, dut abandonner sa charge et gagner avec toute sa famille la terre étrangère pour sauver sa vie et celle des siens.

Tandis qu'il était en émigration (2) l'universalité de ses biens, dans lesquels se trouvait la terre de Grandvelle, était saisie par la nation et bientôt vendue (9 vendémiaire, an VII, 30 septembre 1797). Ce fut le citoyen Prestre, directeur de l'hôpital de Montbéliard, qui s'en rendit adjudicataire.

C'était la ruine complète pour l'émigré s'il n'avait trouvé dans sa sœur Benoîte-Françoise (3) dévouement et salut. Mlle Raillard, qui était restée à Vesoul et s'était, par affection pour les siens, soumise à toutes les exigences de l'administration révolutionnaire, se mit sans retard en relations avec le sieur Prestre et lui proposa de se substituer à lui dans son

(1) Marie-Eugénie-Joseph de Valicourt était née le 2 juillet 1762, au château du Mesnil (élection de Péronne), de Marie-Maximilien de Valicourt, seigneur du Mesnil, de Vitremont, de Beaucourt, et de Marie-Madeleine de Calonne, sœur de Calonne futur ministre de Louis XVI.

(2) Il remplit, au cours de l'année 1792, les fonctions d'intendant de l'armée des princes.

(3) Benoît-Françoise Raillard, était née à Vesoul le 3 janvier 1756. Elle mourut à Pont, près Vesoul, le 18 avril 1841, dans sa 86e année.

acquisition moyennant le remboursement du montant de l'adjudication. Cette proposition fut acceptée. Ainsi les biens du saisi ne passèrent pas en des mains étrangères et, en particulier, Grandvelle put demeurer quelques années encore à la famille de son ancien possesseur. L'adjudication spéciale à ce domaine comprenait 508 quartes de terres arables, 29 faulx 1/4 de prés, 10 ouvrées 1/2 de vignes et deux maisons dont l'une est appelée dans l'acte le ci-devant château (1).

La nouvelle propriétaire administra pour son propre compte les biens qu'elle venait d'acquérir. Le château fut loué pour 300 fr. et le domaine remis à des fermiers moyennant un rentaire de 200 quartes de blé et de 1,200 fr. d'argent, ce qui donnait un revenu d'environ 3,500 fr.

A l'avénement du consulat, les émigrés ayant été autorisés à rentrer en France, Benoît-Georges de Granvelle, comme la plupart de ses compagnons d'infortune, profita de l'autorisation consulaire, mais revint dans un état voisin de la misère. Grâce à l'intervention d'un de ses anciens collègues du parlement de Metz, le comte de Barbé-Marbois, il fut nommé payeur du trésor à Vesoul. C'était la vie matérielle assurée, mais cela ne donnait pas l'aisance à sa famille; aussi insista-t-il auprès de sa sœur pour que cette dernière réalisât quelques-unes de ses propriétés et lui fit remise du produit des ventes. Mlle Raillard hésitait, mais guidée par les conseils d'un homme d'expérience, M. Chevassu, ancien avocat du barreau de Vesoul et ancien président du conseil général de la Haute-Saône, elle se décida à se conformer au désir de son frère et mit en vente la terre de Grandvelle (2). Le domaine fut acheté au prix de 80,000 fr. par M. Alexandre Rochet,

(1) Arch. préf. de la Haute-Saône, dossier des émigrés.
(2) Acte sous-seing privé. — Arch. pers.

maître de forges à Grandvelle (1). L'acte est du 26 thermidor, an XIII (14 août 1805).

La seigneurie ayant disparu comme telle depuis la Révolution; la terre ayant été diminuée par des distractions successives, il devient sans intérêt de suivre plus longtemps les transmissions d'un domaine qui, du reste, n'a plus que quelques années à vivre, et fut bientôt morcelé et vendu en détail. Et puis là s'arrêtent les documents familiaux qui ont été la source et la raison de ce travail.

Quant au port du nom pendant cette dernière période, quelques détails suffisent. Dès 1768, Jean-François Raillard releva le nom de Granvelle et c'est sous l'appellation de Raillard de Granvelle qu'il fut connu, soit à la Cour des comptes, soit dans les relations de la vie. Son fils, Benoit-Georges, porta le même nom que son père au sein des diverses compagnies dont il fit partie avant la Révolution, et à Vesoul où, de retour de l'émigration, il continua sa carrière et finit sa vie (1826) (2). A son tour, son fils Charles-Alexandre, aspirant de marine, le porta jusqu'au jour où, à peine âgé de 20 ans, il fut tué sur son vaisseau à la bataille de Trafalgar (1805). A la mort du chef de famille, le nom de Granvelle fut porté par sa veuve. Et il s'éteignit avec cette dernière lorsqu'elle mourut à Vesoul, en 1855, à l'âge de 93 ans, entourée de la respectueuse affection de ses enfants

(1) Alexandre Rochet appartenait à une importante famille de métallurgistes, dont une branche était fixée à Grandvelle depuis environ un siècle. Il conserva peu de temps le château qui passa successivement à la famille Parrod, puis à la famile Henry, toutes deux de Grandvelle. Cette dernière le possède encore actuellement. M. Rochet transmit, par sa mort (1817), le domaine à sa fille Madeleine, épouse de M. Armand Lépine, maître de forges à La Romaine, commune de Neuvelle-les-La Charité. Les époux Lépine le conservèrent pendant une vingtaine d'années, et finalement le vendirent, vers 1842, à des marchands de biens de Nancy, qui le morcelèrent et le vendirent en détail environ 100,000 fr.

(2) Voir *Galerie biographique de la Haute-Saône*, par M. SUCHAUX.

et petits-enfants, ainsi que des sympathies et de l'estime de
ses concitoyens (1).

Telles sont, rapidement énumérées, les indications relatives
aux transmissions de la terre seigneuriale de Grandvelle et
au port de son nom. En résumé, cette terre a été possédée
par des familles d'origines et de situations bien diverses. Au
moyen âge, des sires féodaux la détiennent ; et, soit en lui
empruntant son nom, comme les premiers sires de Grandvelle,
soit en gardant le leur, comme les Pontaillé, tirent d'elles les
avantages qu'elle pouvait offrir.

Au 16e siècle, une famille bourgeoise, celles des Perrenot,
l'achète à prix d'argent, se décore de son nom et bientôt, par
son mérite et les faveurs du prince, s'élève au rang des plus
illustres. Elle ne tarde pas à laisser à des collatéraux le soin
de posséder la terre et d'en relever le nom. Ce sont d'abord
les d'Oiselay, puis les La Baume-Saint-Amour. Ces grands
seigneurs semblent se préoccuper davantage de jouir des
revenus du domaine que de porter son nom. Ils le relèvent
pourtant, le possèdent légalement, s'en servent quelquefois,
mais ne mettent aucune coquetterie à le porter habituellement.

Ils disparaissent à leur tour, emportés par le luxe et
les plaisirs, compagnons habituels de la richesse et des
grandeurs. Mais, conjointement avec eux, le nom de
Grandvelle est encore porté par une branche de bâtardise
issue des Perrenot. Quoiqu'elle porte le nom, elle ne possède
pas la terre. — Celle-ci passe des mains des La Baume

---

(1) Voir le *Journal de la Haute-Saône*, n° du 25 avril 1855.

Mme de Granvelle ne laissa en mourant que deux filles, l'une qui épousa, à
Londres, M. Charpentier de Saintot, l'autre qui épousa, à Vesoul, M. Jean-
Guillaume Fyard de Mercey. La première est représentée par différents membres
des familles de Junquières, de Vallin et de Fallois. La seconde est représentée
par Mme Ernest Beuvain de Beauséjour, mère de l'auteur de ces lignes.

successivement en celles de deux familles plus modestes que les charges parlementaires avaient anoblies : la famille Brun et la famille Raillard. La première n'en relève pas le nom; la seconde le reprend pour le porter non sans doute avec l'éclat que lui avaient donné les Perrenot, mais avec la considération qu'apportent toujours avec eux le travail et l'honneur.

Aujourd'hui de tout ce que nous venons de toucher rien ne reste, ni la seigneurie avec ses droits et ses privilèges, ni la terre avec l'unité de groupement qui en faisait un corps domanial, ni le nom en tant que signe d'un apanage familial, ni les familles qui avaient, les unes après les autres, tiré de cette terre avantage ou crédit, ni même les races princières qui en avaient été les suzeraines. Ce fait n'est ni pour nous surprendre, ni pour nous émouvoir : c'est la loi providentielle des transformations successives, loi qui atteint à la fois les institutions, les familles et les individus. Mais, en constatant la loi et même en nous inclinant devant elle, sachons garder culte et souvenir aux seules choses qui demeurent parmi tous ces changements, je veux dire aux vertus qui ont été pratiquées et aux bienfaits qui ont été accomplis.

APPENDICE

Erectio Dominii Grandvellæ in Baroniam et titulus Baronatus pro Thoma Perrenot Domino à Chantonnay.

CAROLUS QUINTUS

Divinà favente clementia, Romanorum Imperator Augustus ac Rex Germaniae, Hispaniarum, utriusque Siciliae, Hierusalem, Hungariae, Dalmatiae, Croatiae, Insularum Balearium, Sardiniae, Fortunatarum et Indiarum ac Terrae firmae Maris Oceani etc.; Archidux Austriae; Dux Burgundiae, Lothrici, Brabantiae, Lymburgiae, Lucemburgiae, Gheldriae, Wiertembergae etc.; Comes Habspurgi, Flandriae, Tyrolis, Arthesii et Burgundiae; Palatinus Hannoniae, Hollandiae, Zeelandiae, Ferreti, Kiburgi, Namurci et Gutphaniae; Lantgravius Alsatiae; Marchio Burgoniae et sacri Romani Imperii etc; Princeps Sueviae etc.; Dominus Frisiae, Molinae, Salinarum, Tripolis et Mechliniae etc.; generoso, nobili ac magnifico nostro et Imperii fideli et synceré nobis dilecto Thomae Perrenot Baroni de Grandvellà et Domino a Chantonnay, militi et commendatori de Calamea ordinis de Calatrava, consiliario nostro, gratiam nostram Cœsaream et omne bonum.

QUEMADMODUM Imperialis Majestas Dei Optimi Maximi, divinà providentia, inter omnes mortales, in toto orbe terrarum, eminentiore loco constituta et ad sublime Imperialis solii culmen evecta est ac, tanquam ex specula, cunctas humani generis actiones intuetur omniaque micantissimis

suis radiis illustrat, ita vicissim muneris sui ratio veluti
peculiari jure suo deposcere Augustorumque etiam Impera-
torum splendori et sublimitati quàm maximé convenire
videtur ut, ad summi illius aeternique Patris et Rectoris
quoqué exemplum et imitationem actiones suas instituens,
pro singulorum meritis naturaeque et ingenii dotibus
liberalitatis, gratiae ac beneficentiae suae rationes subducat
et eos qui non solum parentum et majorum suorum gloria
clari et praestantes habentur, sed quos propria quoqué ingenii
et morum integritas, industria, virtus et syncera erga
Romanum Imperium fides et observantia commendat, singu-
laribus gratiis et favoribus prosequatur Imperialique et
pleniore beneficio nec non dignis praemiis, titulis, honoribus
et dignitatibus ipsos decoret, augeat et exornet. Siquidem illa
ipsa Imperialis Majestas quoqué eo maximoperé decorari
videtur si in dignos benèque meritos gratiam et benignitatem
suam quàm uberrimè exerceat atque diffundat. Eà enim
ratione plerosque Romanos Imperatores praedecessores
nostros immortalitatem adeptos fuisse constat dùm quos
digné promereri animadverterunt illorum dignitati, gloriae
atque honori consulere et multis benefacere et prodesse
studuerunt, illosque sic ad quaevis munia, labores atque
onera subeunda et suscipienda promptiores et paratiores
reddiderunt, se vero optimos Principes testati sunt, undé
nimirum illae Foelicis, Optimi, Patris Patriae ac aliae
faustae acclamationes ad hujus nostri temporis memoriam
pervenerunt. Quamobrem, cum et nos quibusque hujusmodi
Majorum nostrorum sanctissimis institutis inhaereamus, eos
magis ac magis extollere cupimus quibus non solum splendor
domesticus ac Majorum gloria multùm ornamenti praebet,
sed etiam quós praecipuis virtutum insignibus, ingenii dotibus
decoravit Altissimus et meritorum magnitudo plurimùm
commendat.

Attendentes itaque in primis immortalis laudis ac memoriae clarissimi genitoris tui quondam Nicolai Perrenoti Domini a Grandvella, supremi, dùm in vivis esset, rerum status consiliarii nostri ـsigillorumque custodis egregias rarasque ingenii dotes et virtutum ornamenta, rerum experientiam et usum, acre judicium, gravem prudentiam ac infractam animi magnitudinem, quibus, prae cœteris mortalibus, admiranda quàdam naturae benignitate, praeditus fuit; praetereà quantà constantià, fide, synceritate, studio, diligentià atque animi propensione nobis, sacro Romano Imperio et inclytis Domibus nostris Austriae et Burgundiae, in arduis et variis negotiis gravissimisque occupationibus, pacis et belli temporibus, in omnibus fortunae fluctibus, terra marique, non sine summo plerùmque vitae discrimine, imperterrité semper adhaeserit omniumque expeditionum nostrarum militarium adversùs Turcos, Mauros, Gallos aliosque hostes nostros, necnon multarum periculosissimarum profectionum et ubique individuus, indefessus intrepidusque comes fuerit ; ac non solùm nobis sed etiam toti Reipublicae Christianae in dogmatum ab orthodoxa veterum fide et religione dissentientium fluctibus componendis; potissimùmque sacro Romano Imperio Regnisque et Ditionibus nostris sedulam operam suam, variis legationum muneribus apud primores Christiani nominis Principes, in difficillimis gravissimisque negotiis ac rebus, mira dexteritate et judicio probé ac laudabiliter impenderit; quanta item satisfactione et commodo nostro et rerum nostrarum, per multos annos, nostrorum sigillorum custodis munus nec non primarium locum ac gradum in aula nostra Cœsarea et Consilio rerum status cœterarumque quae ad nostram curam et sollicitudinem cirà administrationem Imperii, Regnorum et Provinciarum nostrarum pertinent, ad supremum usque vitae diem obtinuerit atque gesserit.

Ad haec, animo volventes quod illa ipsa quae in genitore tuo tantoperé erant suscipienda in liberis suis perindé

reluceant; ac proindé consyderantes venerabilis Antonii
Perrenoti Episcopi Atrebatensis, Principis et rerum Status
Consiliarii nostri primarii, sigillorumque nostrorum custodis,
Devoti synceré nobis dilecti fratris tui germani tot et tantas
ingenuas excellentesque animi et corporis virtutes, heroicam
constantiam et immensam erga nos, sacrum Imperium et
praedictas Domos nostras, meritorum suorum magnitudinem.
Quippé qui ob singulares ipsius animi et ingenii dotes,
insignem morum candorem et synceritatem, praeclaram
fidem ac integritatem, raram eruditionem et rerum agendarum
stupendam dexteritatem nec non fœlicem quamdam pietatem
nobis longo usu et experientià praecognitas ac in diversis et
difficillimis legationibus et functionibus probé perspectas, a
nobis, non sine judicio, fato functo parenti tuo illico suffectus
consiliorumque nostrorum Princeps designatus illud munus
suum prudenter et animi nostri sententia hactenùs adminis-
traverit. Nos in gravissimis quibusque expeditionibus nostris,
non sine periculo, intrepido, infracto et ad omnes fortunae
casus ac procellas obfirmato animo continuo sequutus, nostra
et Imperii sacri Regnorumque et Terrarum nostrarum negotia
summà vigilantia et studio indefatigato et pertinaci labore,
magna et fideli sollicitudine et cura, excellenti industria et
integerrima fide pertractavit ; nostroque nomine plurimas
gravissimas apud sanctam Sedem Apostolicam Tridenti-
numque Concilium ac praecipuos Orbis Christiani Reges et
Principes legationes obivit. Et, in publicis pacis ac confœde-
rationum actionibus cum magnis Regibus, Principibus et
Populis, Nostro nomine ineundis, Nobis et Reipublicae
Chistianae aliquotiès non minùs fidelem et strenuam quàm
promptam et sedulam utilemque operam multifariam exhibuit
atque nunc quoque in praesentià cum indefesso studio et
vigilantià, magnà satisfactione nostrà et animi nostri tran-
quillitate exhibet et praestat.

Insuper, intra mentis nostrae arcanum perpendentes

gratissima obsequia quae quondam Hieronymus Perrenotus dominus a Champagney, alter frater tuus germanus, Nobis, sacro Imperio praedictisque Domibus nostris praestitit ac, ut sperabamus, uberiùs erat praestiturus, nisi invidia fata immaturà morte illum nobis praeripuissent. Quiquidem primùm pluribus annis apud Nos in Aulà nostrà Caesarea Serenissimi ac Potentissimi Principis Domini Ferdinandi Romanorum, Hungariae, Bohemiae etc. Regis fratris nostri charissimi egit legatum et oratorem eoque munere summa prudentia, fide et dexteritate, nostràque et praedicti charissimi fratris nostri non ingratà approbatione et satisfactione eoùsque functus est, donec illi illustris consanguinei et fidelis synceré nobis dilecti Guilielmi Principis Aurianiensis et comitis Nasso-nicensis, qui tum impubes erat, totius status sui curam et administrationem demandaverimus. Interim autem in plurimis gravibus et difficillimis bellis tàm in Germania quàm in Gallia gestis, non siné singulari demonstratione fortitudinis et imperterriti animi sui robore, interfuit strenuumque se et sedulum semper exhibuit et praesertim conspicua ejus exstitit opera quam in utraque expugnatione Hesdini et Morini nobis praestitit, donec tandem, hostibus Monsteroli egressis, ille unà cum aliis strenuis et fortibus viris insidias tendens, ex improviso iniquo certè fato, ex tormento bellico quod stoppetum vocant, ictus in nostro servitio, non singulari molestià et dolore nostro quo tantae spei adolescentis jacturam fecimus, fortiter et animosé occubuit.

Et demùm, ponderantes tui ipsius Thomae animi dotes, insignes virtutes, ingenium, praestantem multarum rerum cognitionem cum rei militaris perfecta scientia armorumque usu haud vulgari conjunctam; quantùmque nobis et sacro Romano Imperio memoratisque Domibus nostris Austriae et Burgundiae deditus semper fueris; grata quoque et fidelia servitia et obsequia quae nobis et eisdem Imperio sacro et

Domibus nostris pluribus jam annis in aula nostra Cœsarea : primo tanquàm Serenissimi Principis Domini Maximiliani Bohemorum Regis etc. filii et generi nostri charissimi supremus cubicularius, cui muneri aliquot annis magnà solertia et vigilantià praefuisti, a dilectione sua, in Hispaniam ad Serenissimam Principem Dominam Mariam natu majorem filiam nostram charissimam sibi, pro inveterata Regum ac summorum Principum consuetudine, solenniter (prout in praesentià omnium Hispaniarum Primariorum Procerum fecisti) desponsatam, ablegatus ; et deinceps in multis frequentibus et arduis legationibus quas tàm apud quondam Serenissimum Principem Henricum Octavum Regem Angliae etc. quàm alios Christiani orbis maximos Principes nostro nomine magna laude et tui gloria obivisti ; deniqué in multis expeditionibus nostris bellicis, terra marique, tam in Africà contra Mauros, ubi apud Argeriam ex naufragio et tempestate maris magnam rerum et fortunarum tuarum fecisti jacturam, quàm in Gallia et provincia nostra Belgica contra hostem nostrum Regem Gallorum ; in Germania item contra nostros et Imperii rebelles et praecipué in conflictu quo quondam illustrem Joannem Fridericum Ducem Saxoniae cepimus illiusque copias fudimus, ubi non vulgare animi tui, fortitudinis, in nostrà praesentià, edidisti documentum; et in gravissimà deniqué obsidione civitatis nostrae Imperialis Metensis susceptis sedulo, continuo, strenué, imperterrité ac indefesso studio magnaque industria et sagacitate praestitisti atque etiam nunc praestas et in posterum praestare poteris et debebis.

Ut interim omittamus quanta nobis, fidedigna relatione, spes facta sit de minorum fratrum tuorum Caroli et Friderici Perrenot ingenua et egregia indole, pluribus eximiis et spectatis virtutibus et naturae donis jam conspicua, quos, pro innato familiae tuae erga nos syncero studio et perpetua observantia, non minùs ac tu et alii fratres tui fecerunt, nobis et posteris nostris grata praestituros officia et obsequia non dubitamus.

Itaquidem, ut non tàm paternorum bonorum et fortunarum quas haud vulgares a genitore vestro accepistis quàm etiam virtutum ac morum et vitae integritatis industriaeque veri haeredes esse paternamque laudem propriis ornamentis illustriorem reddere atque gratiam et munificentiam nostram tantis meritis vestris multifariam demeruisse et provocasse videamini; juremerito ingrati et a praedecessoribus nostris degeneres censeri possemus si familiam tuam, pro hujusmodi meritis vestris, aliquo peculiaris ornamenti dono non decoraremus majoribusque gratiis et dignitatibus illustraremus.

Motu itaque proprio, non per errorem aut improvidé sed ex certà scientià, animo deliberato, sano quoque Principum, Comitum, Baronum, Procerum et aliorum nostrorum ac sacri Romani Imperii aliorumque Regnorum, Provinciarum et ditionum nostrarum patrimonialium, precipué vero inclyti comitatus nostri liberi Burgundiae fidelium delectorum accedente consilio, maturàque super his deliberatione praehabità, et de nostrae Imperialis ac ejus quoque, quà in praedicto Comitatu nostro Burgundiae jure haereditario fungimur potestatis plenitudine, Te praenominatum Thomam Perrenotum ac liberos et haeredes tuos utriusque sexùs et legitimo thoro natos seu nascituros ipsorumque haeredes et descendentes in infinitum liberos Dominos ac veros Barones Nobiles et Generosos fecimus, creavinus, creximus, ordinavinus, constituïmus ac declaravimus, et Baronatus nomine fascibus et titulis decoravimus omniaque ad Baronalem dignitatem pertinentia ornamenta concessimus et elargiti sumus, ac numero et cœtui aliorum nostrorum et sacri Romani Imperii cœterorumque Regnorum Provinciarum et Terrarum nostrarum et praecipuè praedicti Comitatus nostri Burgundiae verorum Baronum Nobilium et Generosorum

adgregavimus et adscripsimus. Vosque omnium et singulorum privilegiorum, gratiarum, exceptionum, immunitatum,
libertatum, jurium, praerogativarum, praeeminentiarum,
honorum et dignitatum quibus alii nostri et sacri Romani
Imperii ac caeterorum Regnorum Provinciarum et Terrarum
nostrarum nec non dicti Comitatus nostri Burgundiae Veri
Barones et liberi Domini Nobiles et Generosi ab octo avis
paternis et maternis baronibus Geniti et procreati gaudent,
utuntur et fruuntur et ad quae admittuntur et recipiuntur
consuetudine vel de jure consortes fecimus et capaces.

Ac, quo ea dignitas in eàdem familià tuà clarior stabi-
liorque constituatur et in perpetuum duret, dominium tuum
quod Grandvella dicitur unà cum territorio, districtu,
jurisdictione et pertinentiis ejusdem nec non aedibus tuis in
civitate nostra Imperiali Bisuntina sitis omnesque et singulas
ejus appertinentias conjunctim in Liberum Dominium et
Baroniam ereximus et extulimus; ac tenore praesentium,
scientia et authoritate praedictis facimus, ordinamus, consti-
tuimus et declaramus, adgregamus, adscribimus, erigimus et
extollimus. Volentes, decernentes et hoc Caesareo statuentes
Edicto in perpetuum Valituro, quod ex nunc in anteà
perpetuis futuris temporibus praefatum dominium Grand-
vellae Liberum Dominium et Baronia esse, dictaeque aedes
Bisuntinae illi semper ac inseparabiliter adhaerere, ac ab
universis et singulis pro tali Vera Baronia et Libero Dominio
haberi, teneri et aestimari ac praedictae aedes Bisuntinae
nullis omnino impositionibus seu oneribus publicis seu
civilibus quocumque nomine censeantur subjacere ac gravari,
nemoque indè, quacumque ex causa civili vel criminali, de
jure factove extrahi ant capi, sed omnino liberae et immunes,
quemadmodum alia quaecumque caeterorum nostrorum et
sacri Imperii aliorumque omnium Baronum ut supra
domicilia in civitatibus seu oppidis vel extrà, etiam ruri, in
propriis seu alienis territoriis sita sunt, esse et teneri ; et sic

dicta Baronia et Liberum dominium Granvellae omnes et
singulas immunitates, exemptiones, libertates et privilegia
quae caeterae nostrae et Imperii sacri cœterorumque
Regnorum et Provinciarûm nostrarum praesertim Comitatus
nostri Burgundiae Baroniae et libera dominia habent,
gaudent, utuntur et fruuntur de jure vel consuetudine,
habere, gaudere, uti et frui debeat et possit. Quodque tu
praefate Thoma tuaque posteritas utriusque sexus legitimo
procreata thoro sic pro veris et legitimis Baronibus et liberis
Dominis, Nobilibus et Generosis habeamini, teneamini,
reputemini et a Nobis et successoribus nostris Romanorum
Imperatoribus et Regibus ac comitibus Burgundiae et ab
universis et singulis aliis quacumque dignitate etiam Regali
Pontificali seu aliâ praeeminentia tàm ecclesiasticà quàm
saeculari fulgeant Liberi Domini verique Nobiles ac Generosi
Barones a Grandvella appellemini, inscribamini ac hono-
remini ac omnibus illis dignitatibus, honoribus, privi-
legiis, praerogativis, libertatibus, praeeminentiis, Officiis,
praecedentiis, immunitatibus, juribus, gratiis et indultis
tàm realibus quàm personalibus sive mixtis, ubique
terrarum et locorum, in omnibus et singulis exercitiis,
actibus, conventibus, cessionibus, statibus et gradibus, in
acceptandis, acquirendis et possidendis quibuscumque
beneficiis, etiam in cathedralibus et metropolitanis ecclesiis
nec non feudis et officiis tàm ecclesiasticis quàm secularibus,
in conventibus et comitiis tàm sacri Imperii quàm praedicti
Comitatus nostri Burgundiae aliorumque Regnorum et
Provinciarum nostrarum omnium, per omnia in juredicundo
et quibuscumque judiciis, in causis, controversiis etiam
feudalibus et alterius cujusvis qualitatis audiendis, cognos-
cendis et decidendis, omniaque aliâ jurisdictione etiam meri
et mixti Imperii exercenda, et aliis in rebus negotiis et causis
omnibus quocumque nomine queant appellari ad instar
aliorum nostrorum et Imperii sacri et dicti Comitatus nostri

Burgundiae caeterorumque Regnorum Provinciarum et
dominiorum nostrorum verorum Nobilium et Generosorum
Baronum et Liberorum Dominorum ab octo avis paternis et
maternis Baronibus genitorum et procreatorum uti, frui et
gaudere et ad illa admitti possitis et debeatis quibus illi
utuntur, fruuntur et gaudent et ad quae admittuntur quomo-
dolibet de jure vel consuetudine absque contradictione et
impedimento. Non obstantibus in praedictis ullis legibus,
statutis, decretis, constitutionibus, ordinationibus, consuetu-
dinibus et aliis in contrarium facientibus quibuscumque et
cujuscumque qualitatis fuerint. Quibus omnibus et singulis,
scientia, motu, consilio et authoritate nostris praedictis,
tenore praesentium in hoc casu omnino derogamus, et
derogatum esse volumus. Salvà tamen nostrà et Imperii ac
praedicti Comitatus nostri Burgundiae superioritate ac
feudali obsequio.

Et quo Imperialis nostrae gratiae munificentiam uberiùs
sentias, tibi hanc specialem gratiam et privilegium concessimus, dedimus et indulsimus ac tenore praesentium damus,
concedimus et indulgemus. Ita ut neque liberi et descendentes
tui legitimi in infinitum comtemplatione hujusmodi dignitatis
et praeeminentiae tuae tibi per Nos ut suprà concessae in
cujuscumque qualitatis et sortis personalibus actionibus
coràm ullo alio judice, nisi Nobis et successoribus nostris
Romanis Imperatoribus et Regibus aut Comitibus Burgundiae
a quovis cujus dignitatis status aut praeeminentiae fuerit
aliqualiter conveniri et in jus trahi possis aut ipsi possint, sed
ab omnibus aliis judiciis et judicibus ordinariis vel extraor-
dinariis privilegiatis vel extraneis omnino exemptus et
exempti esse debeas et debeant omni contradictione et
exceptione penitùs sublata. Nulli ergo omnino hominum
liceat hanc nostrae creationis, concessionis, gratiae, decreti,
indulti et voluntatis paginam infringere aut ei quovis ausu
temerario contraire. Si quis autem id attentare praesump-

serit nostram et Imperii sacri indignationem gravissinam ac pœnam centum marcarum auri puri, toties quoties contrafactum fuerit, se noverit irremissibiliter incursurum, pro dimidia Imperiali fisco seu aerario nostro, reliquà vero parte injuriam passi aut passorum usibus irremissibiliter applicandam.

Harum testimonio litterarum sigilli nostri Caesarei appensione munitarum, datarum in oppido nostro Bruxellensi Ducatus nostri Brabantiae, die primà mensis maii anno domini millesimo quingentesimo quinquagesimo quinto, Imperii nostri trigesimo quinto et Regnorum nostrorum quadragesimo.

CAROLUS

Ad mandatum Caesareae et Catholicae Majestatis proprium.

Pfintzing.

VESOUL. — IMP. LOUIS BON